EL PODER DEL
APEGO

Título original: THE POWER OF ATTACHMENT
Traducido del inglés por M. Teresa Gómez Herrera
Diseño de portada: Editorial Sirio, S.A.
Maquetación: Toñi F. Castellón

© de la edición original
 2019, Diane Poole Heller.

© del prólogo
 2019, Peter A. Levine.

© de la fotografía de la autora
 2016, Josh Levin

 Edición publicada con autorización de Sounds True, Inc.

© de la presente edición
 EDITORIAL SIRIO, S.A.
 C/ Rosa de los Vientos, 64
 Pol. Ind. El Viso
 29006-Málaga
 España

www.editorialsirio.com
sirio@editorialsirio.com

I.S.B.N.: 978-84-19105-23-3
Depósito Legal: MA-1110-2022

Impreso en Imagraf Impresores, S. A.
c/ Nabucco, 14 D - Pol. Alameda
29006 - Málaga

Impreso en España

Puedes seguirnos en Facebook, Twitter, YouTube e Instagram.

 El papel utilizado para la impresión de este libro está **libre de cloro** elemental
(ECF) y su procedencia está certificada por una entidad independiente, no
gubernamental, que promueve la sostenibilidad de los bosques.

DIANE
POOLE HELLER

EL PODER DEL
APEGO

Cómo crear relaciones profundas
y duraderas

Prólogo de
Peter A. Levine

EDITORIAL
SIRIO

A todos los que tienen el valor de sumergirse en las profundidades, vivir la verdad de su historia, sentir compasión por el dolor y compartir la sabiduría obtenida.

ÍNDICE

PRÓLOGO

Todos los seres humanos tenemos el compromiso y la oportunidad de realizar el viaje del héroe. Esta es mi creencia, y la he visto corroborada miles de veces en mis cuarenta y cinco años de experiencia clínica. Muchas de las decisiones de nuestra vida están impulsadas por la capacidad de ceñirnos (o no) a esta visión única de quién pretendemos ser.

El héroe que todos albergamos dentro se enfrenta con una amenaza o un dilema externos, un poderoso enemigo. En nuestra vida, este enemigo es un obstáculo simbólico para alcanzar orden interno, paz, amor, prosperidad, una relación y el bien común. Este enemigo interno parece abrumador por su fuerza y su poder. Pretende destruir al héroe, además de castigarlo y colocar una nube oscura sobre su cabeza.

El trauma tiene paralelismos obvios con el enemigo. Esencialmente, el trauma (y las heridas emocionales profundas) tiene que ver con el desasosiego y la indefensión. Inhibe nuestra vitalidad, nubla nuestros sentidos y nos debilita al separarnos unos de otros mediante el miedo y el sufrimiento. El distanciamiento es una de las formas más eficaces de socavar una relación e incluso una civilización. También existe una relación alegórica entre el tormento de una civilización y el tormento propio: el terror aniquila la conexión con nosotros mismos, con el ser encarnado, con nuestra parte verdadera y eterna. Nos encontramos aislados y a la deriva.

Ya no salimos a regar el jardín y, en el proceso, perdemos los regalos del cuidado.

Si el trauma es el enemigo, el apego a nosotros mismos y a otras personas sería la tarea interna del héroe. Describe de dónde viene el héroe y dicta el rumbo que se debe tomar. Los héroes no nacen, se hacen gracias a las adversidades a las que se enfrentan. Los héroes más cautivadores de la antigüedad son los que sufren grandes decepciones y pérdidas. No están preparados para la tarea que se les impone. Al principio, fracasan; después, cambian y muestran su valía ante los demás y ante sí mismos. Consiguen el apoyo de amigos y aliados, perseveran y encuentran su propia maestría hasta alcanzar el triunfo.

Dejando al margen la mitología, en la vida real cotidiana, nuestra conexión con el papel del héroe interior es más esporádica. No estamos destinados a encarnar continuamente el papel del héroe. Asumir este rol incluso nos puede hacer vulnerables ante aquellos que podrían sacar partido de nuestras buenas intenciones. Los medios de comunicación con frecuencia distorsionan y menoscaban nuestra fe en los héroes. En los tiempos que corren, el mito se ha convertido en un bien escaso.

En el contexto de desarrollar una conexión con uno mismo, de encontrar seguridad en nosotros mismos y en otros, de lidiar con nuestras tareas diarias (desde las más ínfimas y mundanas hasta las decisiones más importantes sobre amor, trabajo, familia, amigos y residencia), resulta edificante establecer contacto con nuestro «yo superior» de forma encarnada y presente para guiar nuestras elecciones y acciones.

Esto nos lleva de vuelta al tema del apego, ya que este tiene que ver con la conexión. El apego no solo describe cómo establecemos contacto y conectamos con los demás, sino también con nosotros mismos y con nuestro cuerpo. Por eso, comprender cómo el trauma afecta a los tejidos y al sistema nervioso, y por tanto, a la sensación de seguridad, es sumamente importante para lidiar con las complejidades de nuestros patrones de apego.

El cuerpo genera inmensas olas de energía de supervivencia (para correr, saltar, patear, golpear, huir y destruir... o para apegarnos) cuando percibimos una amenaza. Si las circunstancias nos dejan bloqueados en este estado de activación durante demasiado tiempo, es como si un interruptor cortara nuestra energía, una adaptación para salvar la vida que nos rescata de un exceso de amenaza con demasiada rapidez (o de una escasez de apoyo durante demasiado tiempo). En otras palabras, nos disociamos. Las mismas movilizaciones de energía que nos salvan la vida al permitirnos defendernos o escapar cuando hay una amenaza se quedan estancadas en el cuerpo cuando nos sentimos desbordados. Esta energía de respuesta a la amenaza se queda atrapada en un bucle de retroalimentación: una conversación sin sentido, destructiva y circular entre el cerebro y el resto del cuerpo. Como al acercar un micrófono a un orador, esta conversación se amplifica a sí misma de forma inexorable. El cerebro pregunta: «¿Estamos bien?», y el cuerpo responde: «Solo siento estrés. ¿Nos estamos muriendo?». El cerebro, entonces, concluye: «Supongo que nos estamos muriendo. Tendremos que esforzarnos más».

La fisiología nos convence de las emociones. La base de una mente y un cuerpo sanos —la capacidad de sentirnos seguros— se ve socavada por el enemigo del trauma. Si el cuerpo está atrapado en el modo de supervivencia, las emociones y los sentimientos dirigirán la atención de forma obsesiva hacia la búsqueda de seguridad. Esto inhibe nuestra vitalidad, por lo que evitamos los riesgos. Todas las nuevas experiencias tienden a adoptar una calidad amenazadora, de forma que se reduce nuestra capacidad de establecer contacto con los demás.

La mala noticia es que el trauma es una realidad, pero (y esta es la buena noticia) no tiene por qué ser una cadena perpetua. Lo que he enseñado a miles de clientes y estudiantes a lo largo de los años es que la clave para dominar este vasto océano de angustia es aprender a tomar contacto con pequeños fragmentos de la experiencia (lo que incluye sensaciones corporales, sentimientos, imágenes, pensamientos y energías) y enfrentarse a ellos uno a uno de forma paulatina. De este modo, se crean pequeñas islas de seguridad en un mar turbulento de trauma. Posteriormente, estas islas empiezan a conectarse y, poco a poco, se forma una masa sólida de (relativa) seguridad, un lugar donde podemos mantenernos a cierta distancia y observar las sensaciones difíciles y los sentimientos inquietantes para lentamente ir haciendo las paces con ellos.

Las preguntas esenciales son: «¿Cuánto puedo sentir estando presente aquí y ahora?», «¿Cuánto puedo soportar antes de disociarme?» y «¿Qué puedo hacer para permanecer dentro de mi rango de tolerancia?». La sabiduría de nuestro cuerpo proporciona las respuestas sobre cómo crear un espacio protegido en las agitadas aguas del terror, el miedo y la indefensión, un pequeño refugio de seguridad que nos ofrece el tiempo suficiente para explorar ese fragmento determinado de la experiencia, considerarlo, analizarlo, conservar lo que tenga valor y descartar lo que no. De esta forma, modificamos gradualmente el mensaje de nuestra fisiología del terror a la seguridad. La atención se redirige desde la protección y la huida hacia el afecto y la conexión, desde el pánico o la desconexión hacia la exploración y la compasión. Derrotamos al enemigo y el peligro desaparece. Salimos ahí fuera y cultivamos las cosas que nos nutren y nos sustentan a nosotros y a los demás. Aparece la paz y la prosperidad en nuestro reino. La vida florece con riqueza emocional.

Dado que todos tenemos *cierta* complicación con el apego «sano», estoy encantado de presentar este libro. Soy afortunado por conocer a su autora, la doctora Heller, desde hace décadas. Diane fue una de mis alumnas más brillantes y alguien a quien sigo admirando y estimando en gran medida. Su calidez, energía, empatía y perspicacia han beneficiado a miles de sus clientes y estudiantes a lo largo de los años. Sus dones y su sabiduría están continuamente presentes en *El poder del apego,* un libro que proporciona un marco accesible e ilustrativo para identificar las dificultades de apego propias, únicas y a veces complejas, con el tono ingenioso, relajado y sin pretensiones de Diane. Los ejercicios que incluye te ayudarán sin duda a redescubrir tu verdadero ser encarnado y te guiarán para renegociar tus propios obstáculos para establecer conexiones con los demás.

Es un libro para terapeutas especializados en problemas relacionados con el apego. También resultará útil a quienes comienzan una relación nueva, a los que quieren enriquecer sus relaciones a largo plazo y a aquellos que ponen fin a una relación, y aprenden y sanan al hacerlo. Me embarga la emoción al saber que vas a comenzar este cautivador viaje. Espero que todos nosotros derrotemos de forma heroica a nuestros enemigos y aportemos integridad, prosperidad y propósito a la civilización, así como a la Civilización del Ser.

DR. PETER A. LEVINE

Autor de los superventas *En una voz no hablada: cómo el cuerpo se libera del trauma y restaura su bienestar* y *Trauma y memoria: cerebro y cuerpo en busca del pasado vivo: una guía práctica para comprender y trabajar la memoria traumática*

INTRODUCCIÓN

Me gustaría comenzar con una historia sobre algo que me ocurrió en 1988, cuando me encontraba inmersa en los preparativos para mi boda. Solo faltaban dos semanas, así que estaba muy emocionada y también tremendamente ocupada, como suele ser habitual justo antes del *gran día*. Estaba conduciendo por Denver para atender innumerables encargos y detalles relacionados con la boda. Iba a unos 90 kilómetros por hora cuando, de reojo, vi que algo se resbalaba sobre mi agenda e iba directo al suelo del coche. Era una figurita de porcelana (de esas que representan a los novios y se colocan encima de la tarta) que me había dado mi suegra con mucho cariño, así que quería evitar a toda costa que se rompiera. Mientras conducía por Santa Fe Drive con tráfico intenso, cometí la insensatez de desabrocharme el cinturón y me incliné para atrapar la figurita. Al hacerlo, moví el volante sin darme cuenta, invadí el carril contrario y choqué con un coche de frente.

El otro conductor iba más o menos a la misma velocidad que yo. El choque hizo que su vehículo saliera despedido y aterrizara volcado con las ruedas hacia arriba. Afortunadamente, era un Volvo antiguo, resistente como un tanque, así que salió del accidente prácticamente ileso. Siempre estaré agradecida por ello.

Yo no tuve tanta suerte. Como tenía el cinturón desabrochado, mi cuerpo salió despedido hacia delante y rompí el parabrisas con la cabeza, lo que me provocó una lesión cerebral traumática. Esto supuso un revés para mi inminente boda, pero seguí adelante de todas formas. Tenía la cabeza hinchada como una pelota de baloncesto deforme, lo cual ya era suficientemente desagradable, pero además sufría una serie de incómodos síntomas. Confundía los números y empecé a actuar de forma extraña: metía la plancha en la nevera, guardaba la leche en el microondas... Una vez incluso dejé el coche arrancado todo el día en el aparcamiento del trabajo con las llaves dentro y el seguro echado. Obviamente, fue una etapa en la que me encontraba desorientada, asustada y avergonzada.

Y aquí viene la parte interesante: también empecé a experimentar momentos de increíble felicidad. De vez en cuando, entraba en estos fascinantes estados de expansión en los que podía ver y sentir cosas mucho más allá de mi percepción normal y corriente. Durante esos episodios, era muy sensible y empática. Veía lo mejor en los demás como si emanara de forma natural de su interior. Tuve estas maravillosas experiencias durante unas seis semanas y, en esos momentos, parecía como si recibiera una tremenda descarga de compasión y conocimiento.

Lamentablemente, esa expansividad también dio lugar a algunas experiencias difíciles e inesperadas. De repente, se produjo un giro en una dirección negativa, como si cayera por el hueco de un ascensor directamente en la noche oscura del alma. A decir verdad, tuve bastantes dificultades durante los siguientes tres o cuatro años. El accidente activó recuerdos de mi infancia, antecedentes traumáticos de los que me había disociado hacía mucho tiempo. Me resultaba complicado integrar los diversos altibajos que experimentaba. Según parece, todo esto (especialmente lo de recuperar recuerdos traumáticos) es frecuente en personas que sobreviven a accidentes de alto impacto.

Hice todo lo que se me ocurrió para dar sentido a lo que me pasaba. Busqué diversos profesionales en las páginas amarillas (para los que tengan edad suficiente como para recordarlas) y fui a verlos. Probé todo tipo de terapias y leí todo lo que pude encontrar sobre trauma y recuperación. Asistí a infinidad de charlas y talleres. En suma, llevé a cabo una búsqueda en todo el país para localizar a alguien que pudiera ayudarme, pero nada funcionó realmente. Encontré cositas aquí y allá, e intenté enlazarlas todas, pero ninguna me aportó la comprensión y el alivio que necesitaba.

Entonces, conocí a Peter Levine y asistí a uno de sus talleres de Somatic Experiencing (SE).* En aquel momento, no entendía bien lo que hacía Peter, pero sabía que tenía que ver con volver a regular el sistema nervioso. Y, lo que es más importante, me di cuenta de que me funcionaba. Con su ayuda, poco a poco me fui recuperando y empecé a apreciar la relación entre la fisiología y el trauma. Aprendí formas de trabajar con mi sistema nervioso de manera eficaz y de reducir la intensidad de ciertos síntomas del trauma, además de muchos métodos para desentrañar e integrar experiencias extremas. El trabajo de Peter con la SE me sigue resultando enormemente provechoso y esclarecedor.

Durante mi proceso de sanación, decidí estudiar con él y me convertí en una de las primeras facilitadoras de SE. Tuve la inestimable oportunidad de enseñarla por todo el mundo durante más de veinticinco años. Aprendí muchísimo sobre cómo se regula el sistema nervioso autónomo, cómo los síntomas mantienen bajo

---

* N. de la T.: Experiencia Somática. Una modalidad de terapia cuya base consiste en tratar las experiencias traumáticas a través de la corporalidad de la persona. Parte de la premisa de que es necesario regular el cuerpo antes de poder acceder a otros niveles como las emociones y los significados. Esto es lo opuesto a las formas tradicionales de trabajar con el trauma, que arrancan con la narración de los eventos traumáticos y en las que la persona queda expuesta a revivir las sensaciones dolorosas (lo cual, según este nuevo enfoque, podría retraumatizarla).

control la hiperactivación debida a acontecimientos abrumadores en nuestra vida, cómo evocar y consumar respuestas de autoprotección inacabadas o inhibidas, y mucho más. Estaré por siempre agradecida.

Con el tiempo, empecé a centrarme en la forma de reconectar en las relaciones a pesar del aislamiento y la disociación que acompañan a las experiencias traumáticas. Con la ayuda de Peter (y las lecciones aprendidas con tanto esfuerzo durante mi propia recuperación), he podido encontrarme y trabajar con otras personas en algunos lugares realmente oscuros. Las he ayudado a reducir la intensidad de sus síntomas, a aumentar su resiliencia y, con frecuencia, a recuperarse por completo. Es un verdadero privilegio embarcarse en este viaje con otros y ver cómo empiezan a disfrutar de nuevo de la vida. Esto se ha convertido en mi trabajo, y pretendo dedicar el resto de mi vida a explorar las cuestiones relacionadas con el trauma y la resiliencia, así como a ayudar a los demás a recuperar la vitalidad y el bienestar. Estos son los temas y las cuestiones principales con los que me suelo encontrar en mi trabajo:

- ¿Cómo restablecer las conexiones interrumpidas con nosotros mismos y con los demás, y cómo recuperar la sensación de plenitud?
- ¿Cómo integrar las diversas experiencias que tenemos y todas esas partes nuestras que parecen tan maltrechas y fragmentadas?
- ¿Cómo superar las grandes pérdidas, los miedos y la impotencia para recobrar el empoderamiento y la resiliencia?
- Cuando el trauma nos desconecta de nuestro propio físico a través de la disociación o la pérdida de límites, ¿cómo volver a habitar nuestro cuerpo y a sentirnos conectados de forma segura?

- ¿Cómo reivindicar el derecho natural de estar enraizado y centrado, de sentir conexión y compasión, de tener acceso a todas las facetas de nuestra humanidad y nuestra naturaleza espiritual?

He llegado a la conclusión de que una posible clave para responder a estas preguntas es comprender de forma compasiva los patrones relacionales tempranos, tanto propios como ajenos, y, posteriormente, realizar intervenciones o crear experiencias reparadoras relevantes destinadas a poner en práctica la teoría del apego. La apreciación del valor de la teoría del apego en el trabajo con parejas, en la sanación individual mediante terapia, y en parejas o progenitores abiertos a su sabiduría es verdaderamente revolucionaria y sorprendentemente eficaz.

La finalidad de este libro es ayudar a responder a algunas de estas preguntas mediante la revelación del historial personal de apego temprano, la comprensión de los diversos estilos de apego y la aplicación de enfoques prácticos para sanar las heridas relacionadas con el apego. Es un análisis profundo de nuestra capacidad humana para conectar de forma verdadera y enriquecedora. Concretamente, examinaremos cómo las heridas de apego afectan a las relaciones adultas y cómo podemos mejorar nuestra capacidad de disfrutar del apego seguro, independientemente del tipo de experiencias que hayamos tenido en nuestra niñez. Esta obra revela qué hace falta para crear relaciones íntimas profundas y duraderas.

✦✦✦

No nos engañemos: la vida a veces resulta bastante difícil. Seas quien seas, todos nos enfrentamos inevitablemente a retos y adversidades que escapan a nuestro control. Si pasas suficiente tiempo en este planeta, te encontrarás con alguna forma de falta de sintonía, una pérdida, un abuso, un divorcio, una enfermedad, un accidente de tráfico, un desastre natural, una guerra o cualquier otra adversidad. En ocasiones, estos acontecimientos son tan abrumadores que ni siquiera somos capaces de reaccionar o responder a ellos. No podemos evitar que estas cosas ocurran, ya que forman parte de lo que significa ser humano. Y, para complicarlo todo aún más, los estudios epigenéticos ahora sugieren que, por así decirlo, podemos heredar las dificultades de nuestros antepasados. De una forma u otra, nos vemos afectados por todo lo que pasaron y sufrieron nuestros abuelos, bisabuelos, etc., pero también somos el resultado de su resiliencia. A lo largo del tiempo y de nuestra evolución como especie, hemos experimentado adversidades y hemos hecho lo posible por sobrellevarlas y perdurar.

Por tanto, la vida es dura y tú no eres la causa. Simplemente, así son las cosas, es decir, que puedes dejar de echarte la culpa como si fueras el único responsable. Hay innumerables formas en las que cada uno puede llegar a experimentar el trauma, y la mayoría no tienen nada que ver con cómo vivimos nuestra vida o qué tipo de personas somos. Esta es la mala noticia.

Pero también hay una buena noticia: podemos hacer algo al respecto. Todos nacemos con una capacidad asombrosa para sobrevivir, sanar y salir adelante, que es precisamente el motivo por el cual hemos llegado hasta aquí en un principio. Estamos diseñados para ello.

Antes de continuar, me gustaría aclarar a lo que me refiero con la palabra *trauma*. Sin entrar en muchos tecnicismos, el trauma es el resultado de vivir una experiencia sobre la que no tienes mucho control; en ocasiones (como en el caso de los accidentes importantes), ni siquiera te da tiempo a prepararte para el impacto. Estos acontecimientos sobrepasan la capacidad de funcionar normalmente, lo cual puede hacer que pierdas la confianza en los sentimientos, los pensamientos e incluso el cuerpo. Por ende, el trauma es una forma de terror agudo, pérdida de control y profunda indefensión.

También he empezado a considerar el trauma en términos de conexión. El tema de la *conexión perdida* ha aparecido en mi trabajo repetidamente a lo largo de los años: conexión perdida con el cuerpo, con la conciencia de uno mismo, con los demás (especialmente con los seres queridos), con la sensación de estar centrado o enraizado en el planeta o con Dios, la Fuente, la fuerza vital, el bienestar o comoquiera que describamos o identifiquemos nuestro sentido inherente de espiritualidad, conciencia de corazón abierto y existencia. Este tema ha sido tan prominente en mi trabajo que la conexión perdida y el trauma prácticamente son sinónimos para mí.

Cuando sufrimos un trauma o acumulamos muchas heridas relacionales, podemos sentirnos totalmente *des*conectados, como si fuéramos un diminuto *yo* aislado y solo, como si estuviéramos en una pequeña burbuja flotando en un mar de angustia, separados de todos y de todo. Creo que debemos romper esa burbuja imaginaria o, al menos, crear puentes que nos conecten con las personas que nos importan. En mi opinión, los traumas sin resolver han provocado una epidemia nacional de soledad y dolor. Y no solo en mi país; podemos encontrar pruebas evidentes de este tipo de sufrimiento en las noticias en cualquier momento y en cualquier parte del mundo. Afortunadamente, esto no ofrece una idea completa de la situación: podemos sanar y cambiar. Todos somos capaces de curarnos y restablecer las conexiones perdidas: con nosotros mismos, con los demás, con el planeta y con aquello que lo mantiene todo unido, sea lo que sea.

Pero no podemos hacerlo solos. Para empezar, no tenemos la capacidad de sanar en soledad. *Necesitamos* a otras personas. Stan

Tatkin, psicólogo clínico, escritor, orador y creador del enfoque psicobiológico de la terapia de pareja (PACT, por sus siglas en inglés) junto con su mujer, Tracey Boldemann-Tatkin, afirma que sufrimos dentro de una relación y sanamos dentro de una relación.[1] La presencia de personas cercanas a nosotros marca la diferencia incluso en las peores circunstancias. Por mencionar un estudio de los miles que existen, un hospital de Illinois demostró recientemente que los pacientes en coma se recuperan más rápidamente cuando escuchan las voces de sus familiares.[2] Nos guste o no, todos estamos juntos en este loco y maravilloso viaje que supone ser humanos.

Puede que nuestra cultura nos anime a pensar en nosotros mismos bajo el lema «puedo hacerlo todo yo solo», pero obtenemos resultados más positivos cuando adoptamos un enfoque de tipo «podemos hacerlo juntos». Esto nos permite promover un espacio relacional sano con amigos, hijos, parejas, hermanos y cualquier otro con quien nos relacionemos, incluso los desconocidos.

En otro estudio que me parece interesante se midieron las respuestas fisiológicas en personas que estaban a punto de escalar una pendiente escarpada. Las respuestas de amenaza eran altas cuando estaban solas, mucho más bajas cuando estaban acompañadas por un desconocido y prácticamente inexistentes cuando estaban con alguien con quien sentían conexión.[3] Existen innumerables estudios que respaldan la misma conclusión: el cerebro y el sistema nervioso no están aislados, sino que se encuentran interconectados y son sociales. En esencia, somos seres sociales que se regulan mediante la conexión con otros.

Evidentemente, también podemos autorregularnos, y aprender a cuidarnos a nosotros mismos durante toda nuestra vida es sumamente importante. Pero, en este libro, nos centramos específicamente en cómo se desarrolla el sistema nervioso inicialmente.

De manera ideal, los niños deberían crecer con cuidadores que actuasen como «reguladores principales» del hogar.[4] Los padres se regulan a sí mismos, a la vez que se regulan mutuamente como pareja y equipo de crianza. Y, lo que sería aún mejor, los padres generan un entorno de regulación en casa que beneficia a todos los implicados, especialmente a los hijos. El tipo de entorno de regulación que experimentamos a una edad temprana influye en la forma en que vemos el mundo e interactuamos con los demás a lo largo de toda nuestra vida. Por ejemplo, si alguien regulado, atento y cariñoso nos tomaba en brazos, nos amamantaba y nos mecía de una forma positiva que hacía que nuestro pequeño cuerpo se sintiera más vivo, relajado o cómodo, esas cualidades y ese efecto regulador quedan impresos en el sistema nervioso y el cuerpo a través de la memoria implícita inconsciente.

El sistema nervioso aprende a corregularse de esta forma mediante la recepción directa de información de los cuidadores, y esta regulación se convierte en lo que somos en el ámbito neurológico. Necesitamos contacto piel con piel, miradas y sonrisas amorosas, y comunicación rítmica latido a latido. Lamentablemente, en una etapa temprana también es fácil que nos veamos afectados por circunstancias que se alejan de lo ideal. Si no creciste con el tipo de intercambio compasivo que acabo de describir, tu sistema nervioso presenta una deficiencia en lugar de esa regulación interactiva que hace que, con los años, te resulte más difícil confiar en los demás, pedir ayuda a otras personas o incluso *pensar* en pedir ayuda cuando la necesitas. Si existen problemas de apego, un niño no suele mostrar los comportamientos de búsqueda de cercanía que necesita para mantenerse a salvo. Al parecer, podemos ser mucho más autónomos cuando confiamos en una red de apoyo. Esto nos permite adquirir las habilidades sociales y vitales que necesitamos, practicarlas y, con el tiempo, aplicarlas en el mundo a medida que exploramos y manifestamos nuestros dones. Pasar tiempo a solas es de suma importancia para muchos de nosotros, pero, con demasiada frecuencia, nos reprimimos frente a otras personas y ante el mundo por miedo a las críticas, al rechazo, a la vergüenza, a la humillación o simplemente porque nos da miedo cometer errores. Una vez escuché lo siguiente en una conferencia: «He aprendido muchísimo de mis errores; creo que es una idea estupenda salir al mundo y cometer algunos más».

La autorregulación y la corregulación son necesarias y beneficiosas a lo largo de la vida. Muchos hemos adoptado técnicas para regular nuestro sistema nervioso (yoga, prácticas respiratorias, ejercicio físico y meditación) y no quiero restar importancia a lo útiles que pueden resultar. Estar cómodo en tu propia piel y tener herramientas que te ayuden a relajarte sin duda es fundamental, pero aprender a sentirse seguro con los demás es algo revolucionario. Cuando tu sistema nervioso se puede corregular con otras personas, y te sientes seguro, alegre y relajado, puedes desarrollar una mayor sensación de apego seguro y disfrutar de sus profundos beneficios, independientemente del entorno en el que crecieras. Por tanto, me centro en *estar con otras personas* como una forma de «atención consciente conjunta». Incluimos a los demás en nuestra meditación, nuestra práctica y nuestro camino general hacia la sanación, y, al mismo tiempo, ellos nos incluyen a nosotros. Evidentemente, los resultados varían, pero las investigaciones indican que todos estamos mejor cuando lo hacemos juntos.

Para sanar juntos, necesitamos sentirnos seguros. Especialmente en las relaciones íntimas, experimentar una sensación de amenaza es contraproducente para solucionar los problemas (y, obviamente, resulta indeseable también por otros motivos). Cuando nos sentimos amenazados, cada vez es más difícil acceder a las partes de nuestro cerebro que están orientadas hacia la conciencia de uno mismo y dedicadas a conectar con los demás. Recuerda todo esto según avancemos juntos. Busca sentir seguridad en tus relaciones y no olvides ayudar a los demás a sentirla también. Ábrete a nuevas formas de sanar y regularte (tanto por ti mismo como con otras personas), ya que esto fomentará una mayor conexión y una intimidad transformadora.

Como irás descubriendo, este es un libro práctico. Está repleto de sugerencias y ejercicios, así que me gustaría proponer esta práctica de visualización breve para ponernos manos a la obra.

EJERCICIO ¿Quién te ayuda a sentirte seguro y relajado?

Tómate un momento para pensar en alguien que te haga sentir seguro y relajado en tu vida. Puede ser tu cónyuge, tu pareja, uno de tus progenitores o abuelos, un amigo, un hijo, tu terapeuta o alguien que conociste en un taller. Incluso podría ser una mascota especial. Sea quien sea, te hace sentir cómodo y tranquilo. No tienes que visualizar a todas las personas que te vengan a la mente (basta con una o dos) y, si nadie se ajusta a esta descripción, no pasa nada; luego explicaré qué hacer si se da el caso. Pero si te viene alguien a la mente ahora mismo, evoca su imagen con tanto detalle como te sea posible. Siente cómo es estar con esa persona. ¿Qué sensaciones aparecen? ¿En qué parte del cuerpo las notas? Tómate unos momentos para probar este ejercicio y sumérgete en cualquier sensación de presencia y relajación que se produzca.

Retrocedamos un par de párrafos hasta la situación de corregulación positiva que describí antes: la del bebé al que toman en brazos de forma amorosa y saludable. En esta situación ideal (que demasiados de nosotros no hemos experimentado), el niño crece en una familia prosocial que valora la protección, la presencia, el juego, la coherencia y la sensibilidad. Cada vez que el bebé emite un sonido, extiende los brazos o mira a sus cuidadores, ellos lo miran de una forma que lo hace sentir especial. El amor es palpable. Los cuidadores abrazan al niño, juegan con sus pequeños deditos y lo tocan de una manera que permite que sepa a un nivel profundo que está seguro. Y, desde muy temprana edad, el niño sabe que tiene cierta influencia sobre el mundo porque, cuando llora, ocurre algo bueno. Antes incluso de aprender las palabras para expresar las necesidades y las sensaciones básicas, alguien responde —la madre, el padre o cualquier otra persona—, y el niño llega a confiar en una presencia constante y amorosa que intenta entenderlo y satisfacer sus necesidades.

En una situación verdaderamente ideal, todo es aún mejor. Los cuidadores no solo protegen al niño, sino que también están ahí cuando este no se comporta, no se siente o no habla de la mejor manera. Independientemente de lo que ocurra en su experiencia (felicidad, angustia, confusión, entusiasmo o enfado), sus padres están siempre ahí de forma sistemática, presente, atenta y cariñosa.

Obviamente esto es la situación *ideal*; así debería ser nuestra niñez. De esta forma, crecemos con un apego seguro, para el cual estamos diseñados biológicamente según John Bowlby, uno de los pioneros de la teoría del apego. De hecho, estamos preprogramados para crear y mantener apegos con los demás. Como a todos los mamíferos sociales (incluidos los humanos), la evolución nos ha moldeado para mantenernos juntos y seguros hasta que estamos preparados para salir al mundo por nuestra cuenta y continuar el ciclo con nuestra propia descendencia que, a su vez, fomentará el apego seguro con sus hijos. Como ya sabemos, esto no siempre se ajusta al plan. No obstante, bajo las cicatrices y los comportamientos desadaptativos, todos tenemos este sistema de apego orientado a la confianza y la unión con nuestros seres queridos. Cuanto más nos encontramos con una situación ideal como la descrita, más se desarrolla nuestro diseño inherente para el apego seguro. Realmente, se crea de una manera física y somática que conforma el sistema nervioso, el cerebro e incluso los músculos y los tejidos.

Me gustaría introducir aquí el término *contingencia*, que tiene un significado un poco distinto al habitual. En este contexto, *contingencia* hace referencia a una experiencia relacional en la que te sientes comprendido por otra persona. Tienes la sensación de que esa persona está en sintonía contigo, que resuena con quien eres. Sientes que «te capta». Por así decirlo, *captas que te capta* y *sientes que te siente*. Cuando le cuentas una historia o algo sobre una experiencia que has tenido, sientes que se encuentra contigo de forma emocional e incluso espiritual. Existe una sensación profunda de conexión. Desde luego, no pasa muy a menudo; gran parte del tiempo, cuando hablamos con otros o los escuchamos, no prestamos suficiente atención o no profundizamos lo suficiente para que se produzca esta sensación de contingencia. En este punto, me gustaría resaltar que una forma de generar contingencia es realizar preguntas aclaratorias cuando los demás nos hablan. Las preguntas relevantes muestran que realmente estamos escuchando y que nos importa comprender a la otra persona por completo.

Cuando acabamos de nacer, no tenemos muchas formas de expresarnos aparte de llorar. A veces, lloramos porque tenemos una necesidad evidente, por ejemplo, tenemos hambre o necesitamos que nos cambien el pañal. Pero los bebés también lloran para comunicar otras necesidades. Un progenitor o cuidador ideal prestará atención a estos llantos e intentará descifrar qué significa cada uno. A veces, el bebé necesita una siesta; otras, quiere que lo saquen de la cuna y estar en brazos; en ocasiones, desea que lo dejen tranquilo. Pero lo importante es que el progenitor intenta entender, *captar* lo que le pasa. Y esto permite al bebé sentirse seguro y relajado, especialmente si tiene una necesidad que el progenitor puede satisfacer.

Dan Siegel, profesor clínico de Psiquiatría y codirector y fundador del Mindful Awareness Research Center ('centro de investigación de la conciencia plena') de la UCLA, afirma que somos «detectores de contingencia natos».[5] Sabemos de forma instintiva cuándo alguien nos entiende y cuándo no. Nuestro cerebro está altamente sintonizado con esto; es hipersensible a las incoherencias y a la autenticidad. Por ejemplo, seguro que en algún momento le has contado a alguien una historia personal que te hace sentir vulnerable y te ha respondido con algo como «sí, te entiendo, sé cómo te sientes», pero en tu interior sabes que no es así. Pueden creer que te entienden, pero tú notas que no te comprenden del todo. ¿No es increíble que podamos hacer esta distinción? Crecemos con este sentido innato de cuándo otras personas nos comprenden y cuándo no. Esto me parece digno de mención.

En nuestras relaciones adultas, podría parecer que tenemos muchos más recursos que los bebés porque podemos usar gran cantidad de palabras. Lamentablemente, no se nos da tan bien como pensamos articular nuestras necesidades o entender a otros. En ocasiones, se producen malentendidos y, además de sentirnos fuera de sintonía, podemos sentirnos alienados, avergonzados o atacados, o podemos hacer que otros se sientan así sin darnos cuenta. Por eso es fundamental que nos esforcemos para ser más sensibles con los demás y realmente «captar» lo que la otra persona intenta decir. En el caso de los adultos, encontrar contingencia es increíblemente importante. No importa si compartimos un momento de tristeza, alegría, dolor o placer; esa sensación de sintonía y resonancia es extremadamente revitalizadora.

Mucho de lo que parece ocurrir en las relaciones adultas procede directamente de nuestro historial de apego temprano. Entender esto nos ayudará a tener una mirada más compasiva con nosotros mismos y con los demás, ya que nos damos cuenta de que gran parte de nuestros patrones relacionales pueden tener más que ver con nuestra crianza en los primeros años que con las limitaciones de nuestra pareja actual. En el caso de nuestros seres queridos, nos interesa tomarnos el tiempo para entrar en resonancia con ellos y ofrecerles esa importante experiencia de la contingencia. Y también resulta importante centrarnos en encontrar al menos algunas buenas personas que hagan lo mismo por nosotros, ya que esas son las relaciones en las que más debemos invertir. Como recomienda la escritora y profesora de Investigación Brené Brown, de la Universidad de Houston, debemos buscar gente que merezca escuchar nuestras historias.[6] Brené sugiere que es posible que solo unas pocas de las personas que conocemos puedan recibir nuestras historias con respeto, honrar nuestra vulnerabilidad y compartir con nosotros de forma auténtica.

Cuando descubrí lo importante que es la contingencia, organicé una especie de «mercadillo» con mis relaciones. Identifiqué las que presentaban más posibilidades de crecimiento y decidí dedicar más energía a esas personas. Por otro lado, también decidí dedicar menos energía a aquellas que no parecían ser muy comprensivas o capaces de ofrecerme apoyo positivo. No sugiero que hagas lo mismo, pero te animo a asegurarte de que tu sistema de apoyo sea sólido y estimulante. Aumenta el interés por las personas que sientas que te aportan seguridad, disponibilidad y resonancia emocional. Elige a tu gente de forma sabia. Esto no significa que debas evitar el conflicto, pero céntrate en los individuos con los que tienes la posibilidad de solucionar las cosas; relaciones que puedan soportar los inevitables desacuerdos y decepciones, y con el tiempo, hacerse más fuertes y más resilientes. Actualmente, algunos afirman que es más importante con *quién* comes que lo *que* comes o *cómo* haces ejercicio. Cuando se trata de disfrutar de relaciones sanas y desarrollar tu propio apego seguro, es muy importante de quién te rodeas en la vida.

Bien, vamos a poner a prueba esta idea de manera práctica. El siguiente ejercicio se parece un poco al que hicimos algunas páginas atrás, pero es ligeramente más específico.

EJERCICIO Recuerdos de contingencia

Quiero que evoques una experiencia concreta en la que tuvieras una gran convergencia de ideas o comunión de almas, un momento en que te sintieras apreciado o comprendido de forma poco habitual. En el último ejercicio, nos centramos en personas específicas, pero en este quiero que traigas a la memoria la experiencia en sí. Recuerda lo bien que te hizo sentir compartir reflexiones profundas con otras personas, disfrutar de esos excepcionales encuentros de mentes y almas, alcanzar una sensación de comprensión y conexión significativas. En *Amor 2.0: una nueva mirada a la emoción que determina lo que sentimos, pensamos, hacemos y somos,* Barbara Fredrickson afirma que estos momentos constituyen el amor en sí, independientemente de cuánto duren o con quién ocurran.[7] Tómate todo el tiempo que necesites para recordar este tipo de experiencias. Vive la sensación lo mejor que puedas. ¿Cómo fue «captar que te captan» y «sentir que te sienten»? ¿Qué es lo que más notas emocional o corporalmente cuando lo recuerdas? Deja que la profundidad de la sintonía al completo se apodere de ti con todo detalle. ¿Qué te resulta más llamativo? ¿Te das cuenta de algo nuevo en lo que no habías reparado antes? ¿Qué sentiste entonces y qué sientes ahora?

INTRODUCCIÓN A LOS ESTILOS DE APEGO

El sistema de apego humano es un proceso inherente, biológico y natural que tiene relación con todo lo que hacemos en la vida, especialmente en lo tocante a las relaciones con los demás. Aunque lo que buscamos aquí es el apego *seguro*, es importante tener en cuenta que, independientemente del estilo de apego con el que vivamos, se desarrolló para mantenernos seguros. Incluso los patrones de apego inseguro están diseñados para ayudarnos a sobrevivir en situaciones peligrosas, y ninguno de estos estilos es inalterable. En los siguientes cuatro capítulos se analiza cada una de estas cuatro adaptaciones en profundidad para proporcionar formas de trabajar con ellas. Este es un resumen rápido para ir entrando en materia:

Apego seguro. Este es el tipo de apego que se genera con la situación ideal descrita anteriormente. Las personas con apego seguro normalmente crecieron rodeadas de amor y apoyo por parte de cuidadores siempre atentos, así que de adultas son interdependientes y conectan con los demás de formas sanas y mutuamente beneficiosas. Se encuentran bien tanto solas como acompañadas, pueden pensar con flexibilidad, pueden percibir una gama de posibilidades, están cómodas con las diferencias y resuelven los conflictos sin demasiado drama. Son capaces de internalizar el amor que reciben de otros y perdonan con facilidad.

Apego evitativo. Las personas con este estilo de apego tienden a mantenerse a cierta distancia de la intimidad o a restar importancia a las relaciones. Con frecuencia, fueron desatendidas: las dejaban mucho tiempo solas de pequeñas, sentían rechazo por parte de sus cuidadores o sus padres no estaban suficientemente presentes (o solo lo estaban cuando les enseñaban alguna tarea). Los evitativos tienen desconectado el sistema de apego (o le han puesto freno), de forma que reconectar con otras personas de forma segura y sana resulta extremadamente importante.

Apego ambivalente. Los individuos con la adaptación de ambivalencia sufren mucha ansiedad con respecto a la satisfacción de sus necesidades o al hecho de sentirse seguros al ser amados o sentirse dignos de ser amados. Puede que sus padres les demostraran amor, pero de niños nunca sabían cuándo podrían distraerse y dejarlos abandonados a su suerte. Sus cuidados eran impredecibles o notablemente intermitentes. Pueden estar en constante estado de vigilancia en cuanto a desaires en las relaciones o cualquier atisbo de abandono, lo que intensifica su sistema de apego hasta el frenesí. Al anticipar la inminente inevitabilidad del abandono que esperan, a menudo se sienten tristes, decepcionados o enfadados antes de que ocurra realmente cualquier cosa en sus relaciones adultas. Para los ambivalentes, la coherencia y el refuerzo son primordiales.

Apego desorganizado. Este estilo de apego se caracteriza por un exceso de miedo, y el sistema de apego se opone al instinto de sobrevivir a las amenazas. Cuando se estresa, está enfermo o tiene miedo, un niño busca consuelo y protección de forma natural por parte de un progenitor afectuoso. Pero ¿qué pasa cuando ese mismo progenitor es la fuente de miedo y angustia? Las personas con este estilo pueden quedarse atrapadas en una respuesta a la amenaza u oscilar entre la evitación y la ambivalencia, sin presentar un patrón identificable. A menudo sufren confusión psicológica y física. Los padres con apego desorganizado pueden tener miedo de sus propios hijos. De niños, veían a sus padres como una amenaza, o bien estos simplemente emanaban un aire de miedo o temor debido a sus propios traumas sin resolver. Las personas desorganizadas suelen mostrar desajustes emocionales y se enfrentan a cambios repentinos cuando se produce una activación, además de sentirse disociadas y desconectadas. Dado que son propensos a sufrir grandes perturbaciones, el restablecimiento de un sentido fundamental de regulación y relativa seguridad son las cosas más importantes para aquellos con este estilo de apego.

A medida que analicemos estos distintos estilos de apego, te invito a explorar en qué medida se ajustan a tu propia experiencia y a la de tu pareja, padres, amigos e hijos. Intenta activar tu curiosidad acerca de estas distintas dinámicas y ten una actitud lo más lúdica y abierta posible. Recuerda también que no se trata de categorías fijas y que una persona puede presentar una combinación de estilos. Quizá te sientas identificado con lo expuesto sobre el apego seguro, pero una parte de ti sea evitativa y otra parte parezca ambivalente. O puede que seas desorganizado según la situación y tengas mucho miedo cuando estás sometido a un tipo particular de estrés. Estoy segura de que ya eres consciente de que las distintas relaciones suscitan en ti distintas cualidades, sentimientos y reacciones. Hay que tener en cuenta muchas variables, y el objetivo no es encasillarte a ti y a los demás en categorías rígidas que no siempre se ajustan a la realidad. La idea es más bien comprobar que tus patrones dominantes pueden ser más fluidos y maleables. Espero que cuanto más entiendas estas adaptaciones y a ti mismo, más dejes ir los patrones persistentes de autocrítica y juicio. Con compasión, empezaremos dondequiera que estemos, trabajaremos para sanar nuestras heridas lo mejor que podamos y mejoraremos nuestras habilidades de apego seguro a lo largo del camino.

Y, como gran parte del interés por los estilos de apego tiene que ver con la pareja, creo que es importante destacar que nuestro estilo de apego siempre está activo y en funcionamiento. Cuando conocemos mejor a las personas con el tiempo, quizás teniendo citas, cuando confiamos más en ellas y ellas en nosotros, se convierten en nuestra figura de apego principal, y viceversa. Lleva un tiempo reconocer neurológicamente a alguien como relativamente permanente en nuestra vida. Podemos pasar fácilmente por las primeras etapas de las relaciones románticas con cierto grado de euforia, lo cual puede parecer mágico, motivador y emocionante. Parte de lo que pasa es que sentimos una avalancha de un cóctel biológico diseñado para mantener la atracción por la otra persona. Desafortunadamente, durante esta parte inicial de la relación podemos perdernos (e incluso ignorar) algunas señales de alarma importantes sobre nuestra pareja. Como dice el refrán, el amor es ciego. Por este motivo, recomiendo no tomar grandes decisiones sobre la relación hasta más tarde, cuando la oxitocina, la vasopresina y otras sustancias químicas se normalicen.

También te invito a revisar tus relaciones pasadas para comprobar todo esto. Después de un cierto punto, ¿experimentaste un cambio en las percepciones y las asociaciones en relación con tu pareja? ¿Cambió algo crucial entre el primer y el segundo año? Este fenómeno no siempre resulta fácil de detectar porque mucho de lo que ocurre está integrado y es inconsciente en gran medida, pero creo que la mayoría de nosotros puede identificarse con la existencia de grandes cambios en nuestras relaciones transcurrido un tiempo, aparentemente de forma inesperada.

DESARROLLO COGNITIVO, CIENCIA DEL CEREBRO Y TEORÍA DEL APEGO

Evidentemente, nuestras experiencias no surgen de la nada. Para entender mejor la profunda influencia de lo que nos pasa a una edad tan temprana, vamos a repasar brevemente parte de la ciencia que subyace a la forma en que funcionan el sistema nervioso y el cerebro.

En las primeras etapas de la vida, absorbemos todo lo que ocurre a nuestro alrededor y, especialmente, incorporamos constantemente información de las personas encargadas de nuestro cuidado. En el primer año y medio de vida aproximadamente, no contamos con el desarrollo cognitivo necesario para generar una historia partiendo de estos datos; no es más que una amalgama incesante de imágenes, sentimientos, sucesos, colores y sensaciones que no va a la memoria consciente, sino a la *memoria implícita*, es decir, a la memoria «aún no consciente». Es como si el cuerpo, la mente y el alma funcionaran juntos como una grabadora perpetua que documenta todo lo que nos ocurre; pero, a esa edad tan impresionable, no tenemos forma de rebobinar para encontrar sentido a lo que pasa. La mayoría de las personas no puede acceder a estos primeros recuerdos, pero es capaz de detectar claramente cuándo se activan. Muchas veces, somos capaces de rastrear sensaciones, acciones o gestos que pueden revelar sucesos significativos contenidos en la memoria implícita y hacerlos explícitos si prestamos más atención, lo cual genera oportunidades para el crecimiento y la sanación.

Estas experiencias tempranas viven en la memoria implícita porque, en el momento en que se grabaron, el cerebro no se había desarrollado completamente. A medida que crecemos, obtenemos más acceso al *hipocampo*, una parte del cerebro situada en el interior del lóbulo temporal que está asociada con la conciencia del espacio y el tiempo. El hipocampo se desarrolla gradualmente a lo largo de los primeros dieciocho meses de vida más o menos; hasta entonces, no podemos localizar una experiencia en el espacio ni colocarla en el pasado, el presente o el futuro. Tanto los recuerdos relacionados con el apego como los relacionados con el trauma tienden a producirse en *aprendizaje de circuito rápido*, en el que las cosas ocurren tan rápidamente en nuestra experiencia que eluden el hipocampo completamente. En el caso de los primeros recuerdos relacionados con el apego, este proceso se produce simplemente porque el hipocampo no se ha desarrollado todavía. En el caso del trauma, ocurre porque la experiencia suele ser tan abrumadoramente intensa y repentina que el sistema nervioso no puede hacerle frente, y a menudo pasa por alto las áreas cerebrales cuyo funcionamiento óptimo permitiría la integración.

Aunque el hipocampo tarda un tiempo en desarrollarse, el cerebro está bastante bien preparado cuando llegamos a este mundo. Por así decirlo, nace siendo *fértil*. Tiene gran cantidad de células adicionales —potencial extra— por si acaso hacen falta. De esta forma, el cerebro se inclina hacia lo positivo, ya que está configurado para asumir cualquier número de situaciones posibles. Si creces en una familia prosocial en la que sus integrantes están presentes y alegres, y son protectores y seguros, el cerebro descarta algunas de las partes defensivas con las que naces y, en su lugar, enfatiza los aspectos más relacionales. Esto significa que es menos probable que explores tu entorno en busca de peligros todo el tiempo, que estés hipervigilante de forma crónica y que siempre estés preparado para activar una *respuesta a la amenaza*. Por lo general, crecemos confiando en otras personas y esperando positividad y receptividad en las relaciones. En este caso, las partes del cerebro alineadas con el apego seguro son sumamente estructuradas, evolucionadas y de fácil acceso.

Pero ¿qué pasa si creces en una situación no tan ideal? Por ejemplo, si naces en una zona en guerra, tus padres son adictos o uno de ellos tiene una depresión grave. O si tienes un cuidador violento que te da miedo. O quizá tus cuidadores tienen traumas sin procesar y viven asustados y encerrados en sí mismos. En este caso, el cerebro descarta las partes alineadas con el apego seguro y enfatiza sus propias estructuras defensivas. Para gestionar la situación y responder al peligro que te rodea, la respuesta a la amenaza aumenta exageradamente. Y, así, el cerebro va tomando forma de acuerdo con el entorno relacional que experimentamos.

Esto resulta muy práctico, obviamente. Es fácil ver la inteligencia subyacente. Si necesitas más protección de los demás, conviene desarrollar un sistema de radar que detecte el menor signo de peligro. No obstante, la cosa se complica más adelante en la vida cuando te encuentras con relaciones seguras y alentadoras. Todos realizamos adaptaciones de niños según el entorno relacional en el que crecemos. Normalmente, nada de esto es consciente, sino que está integrado en nuestro cuerpo y determina cómo nos relacionamos con los demás de acuerdo con la memoria implícita (también llamada *memoria procedimental*), que delata todo lo que pensamos sobre el mundo. Esto explica por qué a veces nos comportamos de cierta forma y tenemos sentimientos que parecen estar fuera de lugar o mostrar problemas de adaptación. No importa lo que nos diga la memoria *declarativa* acerca de las interacciones personales tempranas; si tenemos un sistema nervioso moldeado en respuesta a una amenaza constante, desencadenaremos una respuesta a la amenaza con facilidad más adelante en nuestra vida y, debido a esta impronta, será necesario algo de trabajo para lograr un apego seguro. Y cuando nos sentimos realmente abrumados, incluso podemos generar una respuesta de bloqueo y quedarnos inmóviles o perder la capacidad de oír o hablar. De esta forma, el trauma tiene un profundo efecto en el funcionamiento social o «compromiso social», como lo llama el profesor de investigación Stephen Porges,[8] desarrollador de la teoría polivagal.*

Obviamente, necesitamos nuestra respuesta a la amenaza en la vida cotidiana para lidiar con los problemas reales; solo queremos moderarla para que no esté hiperactivada demasiado tiempo. Nuestro objetivo es aprender a calmar el centro de alarma del cerebro —la *amígdala*— y activar la *corteza prefrontal media*, que es lo que necesitamos para interactuar de forma significativa con los demás.

Rick Hanson, psicólogo, orador y escritor especializado en neurociencia y *mindfulness*, señala que el cerebro está un tanto sesgado hacia el miedo y la amenaza porque su principal tarea es mantenernos a salvo.[9] Esto también se puede ver de forma positiva. Y, como adultos interesados en acceder a las ventajas del apego seguro, esta tendencia implica que debemos poner más atención a las cosas buenas. Por este motivo, paso mucho tiempo trabajando con mis clientes en experiencias reparadoras, muchas de las cuales están incluidas en este libro.

---

* N. de la T.: Según esta teoría, poseemos un sistema de escaneo inconsciente que interpreta las señales de peligro que percibimos sin darnos cuenta. Se trata de un proceso totalmente inconsciente que se produce en nuestro sistema nervioso autónomo, de la misma manera que respiramos sin tener que hacer ningún esfuerzo voluntario para ello.

Independientemente de si nuestro sistema nervioso está orientado hacia la amenaza o hacia la seguridad, bajo ese patrón original el cerebro presenta *neuroplasticidad*. En otras palabras, está diseñado para permitir el crecimiento y la adaptación. De adultos, esto significa que podemos repercutir en las vías neuronales y dirigirlas hacia el apego seguro. Estamos diseñados fundamentalmente para sanar. Aunque nuestra niñez no sea ideal, tenemos un sistema de apego seguro programado, y nuestro trabajo consiste en saber más sobre lo que interfiere en él y averiguar lo que podemos hacer para que domine la tendencia hacia la seguridad. Nuestra finalidad es sacar a la luz el apego seguro para que termine prevaleciendo sobre cualquier trauma relacional o alteración del apego que pueda surgir o, al menos, que seamos más resilientes y nos recuperemos con más rapidez del desasosiego.

Nunca podemos estar completamente seguros, pero podemos avanzar hacia la seguridad relativa. Nuestras necesidades nunca estarán totalmente satisfechas, y nunca seremos (ni tendremos) padres perfectos. Afortunadamente, esto no es necesario para lograr una sanación profunda y duradera. A medida que dejamos atrás a nuestro yo herido y pasamos a tener un apego más seguro y a ser más resilientes, podemos alentar el mismo proceso en otras personas y convertirnos en iniciadores de intimidad y entrenadores de conexión para nuestras familias, amigos y el resto del mundo. Básicamente, de eso trata este libro.

Vamos a analizar ambas partes del comportamiento de nuestros padres. Todos estamos en constante evolución, y estoy segura de que tus padres tenían algunos asuntos pendientes además de sus cualidades más admirables. Puede que este ejercicio te resulte útil para examinar más profundamente lo que resultaba problemático y doloroso en tu familia, así como sus bondades. Con frecuencia, los recuerdos de tiempos difíciles eclipsan los privilegios que hayamos podido tener, así que este ejercicio tiene como fin ayudarnos a ver una imagen más completa para reconocer y lamentar nuestras heridas, así como para celebrar la sabiduría obtenida. Sin duda, muchas veces también ganamos en sabiduría y compasión al sanar nuestras heridas.

EJERCICIO Perfectamente imperfectos

Primera parte: lo que faltaba o era doloroso

Puedes empezar este ejercicio confeccionando una lista de las carencias o defectos de tus padres, las circunstancias o los comportamientos que tuvieron una gran influencia negativa sobre ti en la niñez. *Lo que ocurrió* es significativo, y *cómo* lo internalizaste es aún más importante. A veces, es más fácil enumerar los atributos negativos de nuestros padres que recordar cualquiera de los positivos, especialmente para los que tienen el estilo de apego ambivalente o desorganizado. Las experiencias negativas pueden restar importancia a las vivencias cotidianas neutras o básicamente buenas que tuvimos hasta que recobramos una percepción normal de ellas tras sanar muchas heridas tempranas. Las personas con el estilo de apego evitativo tienden a ver su pasado como mayoritariamente bueno hasta que reaparecen los sentimientos de nostalgia y se dan cuenta de lo que les faltó a nivel relacional.

Segunda parte: lo que era beneficioso o favorable

Mi madre fue una maestra estricta. Tenía problemas emocionales sin resolver, pero también era divertida, cariñosa y generosa. A pesar de que a veces no era la madre ideal, tenía sus formas de expresar su amor por mí con celebraciones especiales, regalos generosos y ayuda con los proyectos que más me importaban. También solía acompañarme a comprar gangas divertidas, a lo que llamábamos «búsqueda de tesoros». Asimismo, mi madre contribuyó sustancialmente a la comunidad (enviando telegramas entre los soldados y sus familias durante la Segunda Guerra Mundial, ayudando como voluntaria en el hospital y colaborando con distintos grupos benéficos). Mi padre era igualmente complejo: estaba desconectado de su parte emocional y normalmente ausente por su trabajo, aunque transmitía su amor de forma discreta e incondicional ocupándose del sustento familiar, cerrando las puertas con llave por la noche, arreglando mi bicicleta, enseñándome a hacer esquí acuático y preparando magníficas barbacoas en los días de campo. También nos inculcó el valor del voluntariado, que pervive en la familia hoy en día. Mis padres lo hicieron lo mejor que pudieron dadas las circunstancias y, juntos, nos transmitieron valores básicos importantes. Intenta analizar a tus padres bajo la lente de cómo te demostraban su amor. Anota todas las formas en las que aprendiste lecciones, habilidades y conocimientos importantes de tus principales cuidadores. Puede que te sea de ayuda describir a tu madre y tu padre en sus mejores días. Haz el esfuerzo de concederles el beneficio de la duda y ten en cuenta que lo hacían lo mejor posible dado su nivel de trauma o heridas de apego sin resolver, así como con los recursos, la educación y las estrategias de sanación que tenían a su disposición en ese momento. Observa si puedes detectar sus amplios cuidados entre las imperfecciones y los comportamientos que te hacían daño, independientemente de lo poco claros o poco elocuentes que fueran a la hora de expresar ese amor por ti. ¿Qué descubres?

LA MEMORIA Y EL MAPA RELACIONAL ORIGINAL

Resulta útil observar cómo se crea nuestro mapa relacional original y cómo esa plantilla se importa a las relaciones adultas, normalmente sin que nos demos cuenta. Como no somos conscientes de este proceso, recreamos todo tipo de patrones y comportamientos sin saber por qué, y a menudo nos culpamos a nosotros o a nuestra pareja injustamente. Los traumas sin resolver pueden limitar nuestra vida de manera sistemática y fundamental. Específicamente, nuestro historial de apego sin resolver —la fuente de nuestro mapa relacional original— se puede manifestar en las relaciones adultas y provocar todo tipo de problemas. Esto es ineludible mientras no seamos conscientes del origen de estos patrones destructivos. Podemos repetirlos una y otra vez sin ser conscientes de nuestros propios comportamientos mientras detectamos esos mismos comportamientos en las vidas de quienes nos rodean. Actuamos de forma mecánica sin darnos cuenta ni comprenderlo a menos que la luz de la conciencia y la compasión ilumine los lugares oscuros que hacen que sigamos sintiéndonos heridos y siendo inaccesibles.

Por tanto, queremos entender cómo se forma nuestro mapa relacional original, cómo identificar cuándo las cosas van bien, cómo fomentar un entorno seguro, cómo saber cuándo las cosas no van tan bien y cómo evitar caer en patrones definibles de apego alterado. Cuando hacemos nuestro mapa original más consciente, realmente podemos ayudarnos a sanar y recobrar patrones de apego saludables que nos beneficiarán el resto de nuestra vida. Aunque no creciéramos con apego seguro, podemos aprenderlo posteriormente. Con este fin, realizaremos prácticas para estimular gradualmente nuestra memoria implícita de los mapas que creamos, haciéndolos más explícitos para poder procesarlos, integrarlos y obtener una mayor sensación de sanación y resolución.

Durante este proceso, mejoraremos y actualizaremos esos mapas originales limitantes con algunos patrones nuevos: opciones que no estaban disponibles la primera vez y que son inestimables para obtener satisfacción y bienestar. Nuestra capacidad innata de actualizar los mapas creados hace mucho tiempo es lo que los investigadores del cerebro llaman «reconsolidación de la memoria»,[10] algo que Bruce Ecker y sus colegas han trasladado de los estudios de laboratorio a un proceso natural de cambio y crecimiento personal. Obviamente, no podemos cambiar nuestra historia objetiva, pero podemos cambiar las reglas, los roles, los significados, las creencias y las tácticas de superación que formamos basándonos en los sucesos originales a fin de dejar ir algunos de los factores limitantes que nos impiden alcanzar el apego seguro. No se trata de negar lo que nos ocurrió, sino de abrirnos a una capacidad más expansiva, ahora y en el futuro.

LOS EJERCICIOS

Examinaremos nuestras alteraciones de apego y les haremos frente a través de nuevas perspectivas y ejercicios prácticos. De esta forma, podremos experimentar una corrección de dichas alteraciones y empezar a sentir cómo es el apego seguro. Algunos de estos ejercicios te resultarán más beneficiosos que otros y puede que, con el tiempo, cambien los que te resultan más útiles. Estas prácticas pueden parecer simples, pero no olvides que tienen como objetivo obtener acceso a un proceso más amplio o iniciarlo. Permiten abrir la puerta solo un poco cada vez para que empieces a entender, a cuidarte y a cuidar a los demás algo mejor.

Estos ejercicios prácticos pueden afectarte de distintas formas. A veces, cuando iniciamos una experiencia reparadora y efectivamente obtenemos lo que necesitamos, podemos sentir alivio y un aumento de la resiliencia, lo cual resulta fortalecedor. También es posible que sintamos el alivio y a la vez desarrollemos una mayor consciencia de lo que nos faltó, lo cual es muy doloroso. Cuando pasa esto, necesitamos tiempo y apoyo para realizar el duelo por esa pérdida antes de poder asimilar el recurso y sanar. Estas dos experiencias son esenciales y relevantes para la sanación, así que me gustaría enfatizar que avances a tu ritmo. No buscamos abrir la puerta del todo de golpe.

Es importante que permitas que estos ejercicios prácticos positivos te influyan y que tengas una experiencia de «sensación sentida» en tu yo físico y emocional. Son las experiencias reparadoras que mencioné anteriormente, y resultan esenciales para la reconsolidación de la memoria, que es el proceso neuronal natural del cerebro que permite un cambio transformador: la eliminación total y permanente de una respuesta emocional o un comportamiento adquirido. Devolver al cerebro recuerdos con recursos positivos codificados de otra forma es como inocular un virus positivo que modifica el recuerdo de la herida en una dirección sanadora encaminada a la resolución. No es necesario olvidar lo que pasó ni la verdad de la situación original pero, con frecuencia, se produce una liberación del malestar que anteriormente existía.

Por otra parte, algunos ejercicios pueden reabrir antiguas heridas, lo cual puede provocar miedo. Cuando se hurga en la herida, a veces surge algo desagradable; es normal. Cuando accedes al mapa relacional original y llegas a la memoria implícita (que está más basada en el cuerpo y no suele ser consciente), te sientes como si esas antiguas experiencias te estuvieran sucediendo en el momento. No parece algo que ocurriera hace muchos años, sino algo que te está pasando aquí y ahora. Puede que no seas consciente de ti mismo como adulto en tu salón, por ejemplo, y que retrocedas en el tiempo al momento en que se produjo una herida sin resolver que aún se puede reactivar de forma dolorosa. Es posible que tu conciencia se limite al estado de niño interior, de manera que pierdas el sentido de ser adulto y de estar volviendo a experimentar un suceso con todas las visiones, sonidos, olores, emociones y sensaciones relevantes pertenecientes a un tiempo anterior. Independientemente de cuántas décadas hayan pasado desde la experiencia, en el momento puedes sentir como si te estuviera sucediendo de nuevo otra vez. Comprensiblemente, esto puede resultar aterrador y confuso. Si te pasa esto durante cualquiera de las exploraciones y los ejercicios del libro, ten en cuenta que es algo normal. Puedes volver a tu centro recordando que estás accediendo a un recuerdo temprano y sacándolo a la luz, y que los resultados de tan valiente indagación pueden ser desconcertantes.

Si surge algo que resulte demasiado intenso, siempre puedes retroceder o tomarte un descanso. Como estamos trabajando con experiencias tempranas incluidas en la memoria implícita, es importante ir con cuidado. Pon atención para no dejar que resulte abrumador. Tómate un descanso. Siempre puedes volver a un ejercicio en otro momento. También puedes intentar estas prácticas en presencia de alguien que te aporte seguridad y apoyo, como un terapeuta capacitado, un amigo o tu pareja. Esto puede resultar especialmente útil y es, en sí mismo, un maravilloso ejemplo de autocuidado.

También te puedes centrar únicamente en desarrollar las habilidades de apego seguro (HAS) de las que hablo en varias partes del libro. No es tan probable que provoquen una sensación abrumadora, y son cosas que puedes practicar y desarrollar para mejorar la calidad de cualquier relación en tu vida.

PREGUNTAS DE EVALUACIÓN

Los siguientes cuatro capítulos terminan con una lista de preguntas que no pretende ser definitiva, exhaustiva ni excesivamente científica. Su única finalidad es ayudarte a evaluar en qué medida te identificas con el estilo de apego analizado en cada capítulo. Supongo que ya tendrás una idea bastante aproximada después de leer cada uno de ellos de si ese tipo de adaptación está presente en ti, pero las preguntas pueden ayudarte a aclararlo un poco más. Y espero que quede claro que estas preguntas no están destinadas a encasillarte ni hacerte encajar en una de las cuatro categorías predeterminadas. De hecho, mi intención es que las preguntas finales de cada capítulo te ayuden a ver lo individualizados y flexibles que pueden ser tus patrones de apego; a veces, dependen de la persona con la que estés o en la que te centres.

Cuando respondas a las preguntas finales de los capítulos, te sugiero hacerlo dos veces. En primer lugar, responde desde la perspectiva de estar relajado y, después, como si estuvieras estresado (bajo presión, tendemos a volver a nuestro patrón de apego original influenciado por las carencias de nuestros cuidadores en las relaciones paternofiliales). Observa cómo varían los resultados. También puedes experimentar respondiendo a las preguntas de acuerdo con diferentes relaciones importantes que hayas tenido a lo largo de los años, con tus padres, parejas, etc.

LA RECOMPENSA

Cuando obtenemos más información sobre nuestros patrones de apego y los examinamos con claridad y cariño, podemos empezar a tomarnos las cosas de forma menos personal y sentir más compasión por nosotros mismos y los demás. Podemos familiarizarnos con nuestro historial de apego a través de un prisma nuevo y, con suerte, más amable, y comprender mejor cómo ciertos patrones se repiten a lo largo de nuestra vida. Cuando vemos que mucho de lo que ocurre en las relaciones adultas está relacionado con las primeras interacciones de las que no tenemos recuerdos, podemos dejar ir parte de la culpa que cargamos sobre nosotros y otras personas por las dificultades relacionales que surgen inevitablemente. Al entendernos a nosotros mismos, nos liberamos para poder entender a otros, y esto nos ayuda a ver con más claridad por lo que están pasando. Todo esto acelera la sanación. Y, a medida que sanamos, nos orientamos más hacia el apego seguro, lo que aumenta la capacidad de amar. El sistema nervioso y el cerebro desean de forma natural relaciones y entornos sanos; por tanto, cuando nos orientamos hacia el apego seguro, ofrecemos al cerebro más opciones de adaptación entre las que elegir. El apego seguro nos proporciona un mayor acceso a diversas funciones cerebrales y contribuye a que el sistema nervioso esté más regulado. Los retos no nos superan tan fácilmente como antes, y cada vez somos más resilientes. Estamos mejor con nosotros mismos y somos más conscientes de nuestros pensamientos, sentimientos y reacciones. Podemos resonar mejor con otras personas, lo que implica que somos más abiertos y más vulnerables a sus experiencias. Por último, sintonizamos mejor con el campo relacional que compartimos con los demás, es decir, la dinámica que se crea cuando estamos con ellos. Dan Siegel hace referencia al sentido del «yosotros», es decir, *yo* y *nosotros* juntos.[11] Con el apego seguro, empezamos a desear lo que nos beneficia a todos, lo que es bueno para el planeta y toda la humanidad, independientemente de la comunidad, el país, el sexo o lo que poseas. Comenzamos a acceder a la interconexión de toda la familia humana.

Es innegable que este trabajo puede resultar un desafío, pero ten en cuenta la recompensa: descubrir tu ser verdadero, sanar, desarrollar la capacidad innata de conectar con los demás, más intimidad, más autenticidad y una vulnerabilidad más segura.

En el siguiente capítulo, analizaremos en profundidad qué es y qué no es el apego seguro. Existe mucha confusión sobre esto, y me gustaría arrojar un poco de luz al respecto. Comprender lo que es el apego seguro desde el principio nos ayudará a reorientarnos en esa dirección y a crear un patrón de relación sano. Como verás, adoptar el apego seguro significa estar más en sintonía con las conexiones y los vínculos saludables, y menos con nuestro propio dolor y reactividad. Implica elegir algo más beneficioso para nosotros mismos, para nuestros seres queridos y para el mundo.

1

APEGO SEGURO

Aunque el apego seguro puede parecer algo fuera de nuestro alcance o una utopía para muchos, es la forma en que estamos diseñados para funcionar esencialmente. Independientemente de lo irrealizable que parezca, el apego seguro siempre está ahí, esperando a ser desvelado, evocado, practicado y expresado. Puede que perdamos el acceso a él de vez en cuando, pero nunca perdemos nuestra capacidad inherente para el apego seguro. Con el paso del tiempo, también podemos aprender a incorporarlo de forma más natural de modo que, cuando nos estresemos o algo nos provoque en nuestra vida, no nos dejemos llevar automáticamente por pensamientos, sentimientos y acciones de apego inseguro que no nos hacen bien. A medida que nos familiarizamos con el apego seguro, las relaciones son más fáciles y gratificantes: somos menos reactivos, más receptivos, estamos más disponibles para conectar, tenemos mejor salud y estimulamos con mucha más facilidad las tendencias de apego seguro en los demás.

Con todas estas cosas buenas en mente, me gustaría ofrecerte una idea clara de cómo es el apego seguro. Pero, antes, vamos a dejar claro lo que *no es* apego seguro.

Mi madre solía decir: «Tienes un techo bajo el que refugiarte y tres comidas al día, ¿de qué te quejas?». Y algunas personas piensan que tener cubiertas estas necesidades básicas –tener un hogar, alimento, atención médica básica, etc.– es suficiente. Desde cierta concepción del mundo, sin duda es suficiente, pero el apego seguro requiere mucho más. Yo necesitaba mucho más que eso de pequeña, igual que cualquier niño. El apego seguro no implica tener todo lo que un niño pueda desear, ni ser consentido, ni que siempre todo vaya bien, ni que nunca nos enfrentemos a contrariedades en la vida, ni que nuestros padres sean perfectos. Y, afortunadamente, no significa que tengamos que ser perfectos como padres para fomentar el apego seguro en nuestros hijos.

Ed Tronick es pionero en el campo de la psicología evolutiva. Según sus investigaciones, solo necesitamos estar en sintonía con nuestros seres queridos el treinta por ciento del tiempo.[1] Si lo vemos de esta manera, es un porcentaje bastante asequible. Probablemente no significa que puedas ser horrible como progenitor el setenta por ciento restante, pero diría que es un mensaje bastante claro de que podemos hacerlo lo mejor posible y relajarnos.

El apego seguro tampoco es un tipo de personalidad, así que no quiero dar la idea de que todos debemos llegar a estar encorsetados y ser personas muy correctas y serias todo el tiempo. Y, por supuesto, el apego seguro no es un tipo de optimismo ilusorio desconectado de las dificultades y los problemas cotidianos del mundo real. Si el apego seguro no implica solo tener las necesidades básicas cubiertas, no requiere una vida de perfección constante y no tiene que ver con un tipo de persona extrañamente entusiasta y desconectada, ¿qué es entonces? En resumen, el apego seguro es sintonía. Refleja un entorno suficientemente positivo que crea y genera una confianza básica.

Estos son algunos indicadores para que quede aún más claro:

Protección. Especialmente si eres niño, el apego seguro significa que sientes que tus padres cuidan de ti y te vigilan, además de actuar como guardaespaldas de tu seguridad. Prestan atención a lo que haces durante el día, saben con quién estás y, según la edad, se aseguran de que haya un adulto responsable supervisándote cuando ellos no se encuentran presentes. Esto es algo que yo no experimenté mucho en mi niñez. Eran otros tiempos y los niños hacían lo que querían. Mis padres esperaban que estuviera en casa a las seis para cenar, pero, antes de esa hora, no tenían mucha idea de qué estaba haciendo, dónde estaba o con quién pasaba el tiempo. Mis padres no organizaban encuentros para que jugara con otros niños ni tenía muchas actividades extraescolares. Volvía a casa cuando tenía hambre, y mi familia básicamente no tenía idea de dónde había estado hasta que se lo contaba.

Si nuestros padres nos proporcionaron la sensación de estar protegidos, estamos mejor preparados para cuidarnos bien a nosotros mismos cuando maduramos. Igual que con la relación entre la regulación interactiva y la autorregulación, aprendemos a cuidarnos al recibir una protección adecuada de forma temprana por parte de los adultos importantes en nuestra vida. De adultos, nos sentimos seguros con nuestros seres queridos y en nuestra comunidad, además de generar una sensación de protección para ellos.

Presencia y apoyo. Para un niño, el apoyo significa tener padres sensibles que estén a su lado y presentes en su vida. Debe poder confiar en ellos, sentirse comprendido y notar que lo captan. Esta es la maravillosa sensación de contingencia que mencioné antes. Y con una pareja o un amigo, el apoyo significa disfrutar de la excepcional sensación de conocerse de verdad mutuamente y sentirse reconocido y apreciado de una forma verdaderamente reconfortante. Sentimos que contamos con personas en las que podemos confiar plenamente. Los individuos con apego seguro buscan de forma natural apoyo cuando lo necesitan, además de ofrecerlo sin reservas a los demás.

Autonomía e interdependencia. De niños, desarrollamos autonomía cuando recibimos protección y apoyo de nuestros padres, pero no hasta el punto de que supervisen y controlen hasta el más mínimo detalle de nuestra vida. En otras palabras, los padres pueden hacer su trabajo sin excederse y reprimir la independencia.

Podemos simplemente ser niños. Cuando crecemos de forma apropiada, podemos estar solos un rato, explorar el mundo, realizar nuestros propios descubrimientos y cometer nuestros propios errores. Y cuando volvemos a casa, sabemos que nuestros padres están ahí, disponibles para reconectar y amarnos igual que siempre. Nos ofrecen un espacio amoroso en el que madurar, sin los peligros de la interacción constante o del exceso de tiempo frente a una pantalla sin apenas o ninguna interacción personal cara a cara. Cuando desarrollamos la capacidad de la dependencia positiva y de la independencia, obtenemos el verdadero regalo de la interdependencia: podemos ofrecer y recibir amor, además de expresar y satisfacer nuestras necesidades con verdadera reciprocidad.

Esto mismo se aplica a las relaciones adultas. El aspecto autónomo del apego seguro significa que podemos pasar de forma fluida entre el tiempo en soledad y acompañados sin que suponga un problema. Hay fluidez y un equilibrio perfecto entre estar juntos y separados. Ten en cuenta que no estoy presentando la autonomía como sinónimo de *aislamiento* ni de un sentido de *autosuficiencia* hiperdesarrollado.

Relajación. Las relaciones en las que podemos bajar la guardia, relajarnos y ser nosotros mismos tienen un valor incalculable. Podemos bromear, ser espontáneos y reírnos juntos. Los niños pequeños adoran que juguemos con ellos, entremos en su mundo y nos divirtamos. Cuando el marco de una relación es seguro y acogedor, todo esto ocurre de forma natural, lo que significa que en nuestras relaciones hay diversión, juego, alegría y humor. En otras palabras: nos deleitamos en compañía de otros y tenemos ganas de estar con ellos porque resulta muy agradable. Pero esta relajación va unida a ciertos límites, especialmente para los niños. Existen restricciones y consecuencias adecuadas a su edad. Es importante que los niños sepan que los límites y la cercanía pueden coexistir.

Confianza. La confianza es un tema importante que se malinterpreta con frecuencia. La mayoría de nosotros hemos aprendido a confiar en ciertas características de las personas, que forman parte de nuestra vida, a través de nuestras experiencias con ellas. Por ejemplo, si Jack siempre llega a tiempo, pronto empiezo a confiar en que será puntual cuando haga planes con él. Sé que Amara siempre me paga sus deudas, Brandon siempre está ahí cuando lo necesito y Tyra es una compañera maravillosa para correr aventuras. He llegado a confiar en ellos por cada uno de estos atributos, lo cual es una forma agradable y práctica de confianza, pero no es del tipo que estoy mencionando aquí.

La confianza de la que hablo es una sensación de que el mundo es un lugar mayoritariamente bueno, una convicción de que, incluso en los peores momentos, prevalecerán la sanación, la comprensión y la bondad. Este tipo de confianza suele derivar de un entorno positivo en la niñez en el que nos sostenían y la mayor parte del tiempo nos proporcionaban una «crianza suficientemente buena», por usar la frase acuñada por el pediatra y psicoanalista inglés Don Winnicott, que hace referencia a un «entorno de apoyo» positivo que genera una confianza básica.[2] Con estos cuidados de calidad, crecemos pensando que otras personas son fundamentalmente buenas y bienintencionadas, y confiamos en ese hecho básico en las interacciones con los demás.

Sin embargo, quienes crecen con heridas relacionales significativas suelen tener una relación confusa con la confianza. O no confían en nadie por lo general —desconfían de cualquier situación, gobierno, comunidad, relación personal, etc.— o no discriminan mucho y confían ciegamente en todas las situaciones y las personas con las que se topan. Yo llamo a esta tendencia *repartir confianza indiscriminadamente*, y suele acabar en desastre. Estas personas a menudo se embarcan en relaciones fuera de lo convencional o peligrosas en las que otros verían señales de alarma y, al hacerlo, se exponen a terminar aún más heridas. No obstante, cuando hablo de confianza, no me refiero a algo ingenuo y peligroso, sino a algo fundamentalmente sanador y restaurativo. Se trata de confianza firme en la bondad básica de la vida, una positividad fundamental acerca de qué es la vida, pero con una gran cantidad de discernimiento saludable. Este tipo de confianza nos empodera y permite el auténtico perdón. Sanar nuestro sentido básico de confianza es una gran parte del viaje para restaurar el apego seguro.

Resiliencia. El hecho de considerar el universo como malévolo o benévolo marca una gran diferencia. La forma de ver el mundo influye directamente en cómo lo experimentamos. Si depositamos una confianza básica en el mundo, somos intrínsecamente más optimistas y serenos. Nos recuperamos de las dificultades más rápidamente y somos capaces de poner en práctica nuestros recursos bastante bien cuando nos asaltan los problemas. Tenemos más capacidad para obtener apoyo, pedir ayuda y encontrar soluciones por nosotros mismos. Al hacerlo, aprendemos a confiar en el mundo y en nosotros aún más.

OBTENCIÓN DE APOYO

Ahora que sabes un poco mejor lo que es el apego seguro, te invito a aplicar este conocimiento a modo de recurso relacional. El siguiente ejercicio implica revisar tus relaciones de forma muy parecida a como lo hiciste en los ejercicios de la introducción.

EJERCICIO Invocación al apego seguro

Para empezar, siéntate en una silla y lleva la atención al cuerpo. Tómate un momento para sentir los pies en el suelo y observar la respiración. Cuando te encuentres más o menos enraizado, examina mentalmente las relaciones importantes de tu vida. Principalmente, quiero que te centres en las personas que destaquen como representantes del apego seguro. Ciertos aspectos de estas personas, su comportamiento o tus interacciones con ellas te aportan una sensación de confianza, seguridad, apoyo, fiabilidad, conexión, comprensión y presencia. Observa quién viene a tu mente. Puede ser cualquiera del pasado o del presente: familiares, mascotas, profesores, entrenadores, terapeutas, amigos o incluso desconocidos.

Reúne a estas personas a tu alrededor. Visualízate rodeado por ellas en un espacio protector y cariñoso. ¿Qué ocurre emocionalmente hablando al hacerlo? ¿Pasas a estar más sensible o quizá más protegido y amparado? ¿Te sientes más abierto o cerrado que antes? ¿En qué parte del cuerpo tienes sensaciones?

Presta atención a cómo es estar con estas personas. Siente su benevolencia y nota todos los detalles físicos y emocionales de esta experiencia.

POTENCIACIÓN DEL APEGO SEGURO EN TI Y EN LOS DEMÁS

Después de toda esta información sobre qué es el apego seguro, muchas personas pasan un mal momento. Parece una meta muy difícil de alcanzar y, cuando lo vemos de esta manera, podemos no sentirnos a la altura. Me identifico con ese sentimiento y creo que es muy normal que todos nos sintamos así de vez en cuando.

Todos tenemos reacciones emocionales de las que no estamos orgullosos, y la mayor parte de nosotros somos responsables de muchas discusiones y conversaciones innecesariamente difíciles. Asimismo, muchos de nosotros simplemente no estamos tan presentes como nos gustaría estar. No nos sentimos suficientemente *aquí*, ya sea porque estamos distraídos con unas cosas y otras o porque no estamos tan atentos como creemos que deberíamos. Una vez más, todo esto es normal. La mayor parte de esto nos pasa con regularidad... ¡al menos en mi caso! Lo más importante es preocuparse lo suficiente como para notar cuándo la situación podría mejorarse. Esto significa que tenemos suficiente presencia como para saber que las cosas están un poco fuera de lugar y bastante humanidad como para querer mejorarlas. Existe más espacio de maniobra del que piensas. ¿Recuerdas la investigación de Ed Tronick que mencioné antes que indica que estar en sintonía con nuestros seres queridos solo el treinta por ciento del tiempo sería suficiente para fomentar el apego seguro?[3] No pasa nada por meter la pata, cometer errores y no llegar a ser la mejor versión de nosotros mismos. El sistema de apego es indulgente, y el hecho de registrar cuándo tenemos un desencuentro y poner remedio si las cosas van mal lo antes posible marca una gran diferencia.

Obviamente, todos podemos hacerlo mejor, y entonces es cuando entra en juego la práctica. Por tanto, en el resto de este capítulo quiero ofrecerte formas de practicar para fomentar el apego seguro en ti y en los demás. Se trata de métodos para mejorar tus habilidades de apego seguro (HAS). La idea no es dominarlas todas, sino escoger un par de ellas que te apetezca trabajar y ponerlas en práctica lo mejor que puedas. Con suerte, habrá HAS para todos y cada uno: habilidades que podrás ofrecer a los demás en tu vida, que podrás practicar mutuamente en tus relaciones y que fomentarán en ti mismo el apego seguro.

HAS 1 Escuchar atentamente

Empezaremos con una de las habilidades más obvias. Todos conocemos el valor de la escucha, pero la mayoría de nosotros no nos hemos tomado realmente el tiempo de desarrollar nuestras habilidades de escucha de forma continuada. Cuando escuchamos atentamente, nos ponemos en el lugar de la persona que habla, realizamos preguntas que nos ayudan a entenderla y permitimos que nos cuente qué le pasa. Pero no de forma superficial, sino de una manera que le ofrece la oportunidad de profundizar de verdad, sentir sus sentimientos y expresarlos hasta que logramos captarlos. Al escuchar así, podemos proporcionar la sensación de contingencia que mencioné anteriormente. No escuchamos simplemente hasta que la otra persona deja de hablar para respirar y entonces irrumpimos en la conversación para decir lo que pensamos. Escuchar atentamente significa responder con preguntas consideradas destinadas a fomentar y transmitir el entendimiento, además de dar siempre espacio antes de comunicar nuestra perspectiva.

Es importante tener en cuenta que, cuando escuchamos a otra persona, no tenemos que creer lo que nos dice ni estar de acuerdo. Podría hablar sobre cualquier cosa: acusarnos de coquetear con alguien en un restaurante, de no hacerle caso en una fiesta de Navidad o de olvidarnos de hacer algo en casa que prometimos hacer (lavar los platos, por ejemplo). Escuchar a alguien de verdad implica que no respondemos inmediatamente a lo que nos dice para negarlo o expresar una crítica. En lugar de negar lo que le preocupa o iniciar una discusión al respecto, nos limitamos a escuchar, eso es todo. Y podemos abrir el espacio de contingencia aún más si intentamos resonar con la persona. «Entiendo por qué te sientes mal y veo que realmente eso te hizo daño», por ejemplo. En otras palabras, escuchar de esta manera significa ofrecerte a abrazar lo que sea que esté pasando y estar presente, independientemente de sus reacciones y respuestas emocionales.

Constantemente me sorprende el poder de la escucha en mi propia vida. Hace algunos años estaba dando clases en Europa, y algunos participantes no estaban contentos con la forma en que se estaba impartiendo la formación. Cuando expusieron la cuestión, puse todo mi empeño en escuchar y los invité a todos a hablar sobre sus inquietudes. Como líder, creo que es extremadamente importante hacer esto. Intenté continuar con la conversación hasta que todos los que quisieron decir algo tuvieron la oportunidad de expresar su descontento, y el proceso completo duró casi una hora. Procuré no participar más que para abrir el espacio de forma que sus sentimientos afloraran y fueran atendidos. Cuando terminaron de hablar, hice todo lo que pude para recapitular lo que había escuchado, pedí que me aclararan algunas cosas y los invité a hacer una pausa para tomar un capuchino y galletas mientras yo me reunía con mis colaboradores para hacer frente a los problemas planteados.

Durante la reunión, mi equipo y yo nos tomamos muy en serio estos problemas y se nos ocurrieron algunas formas directas de ofrecer un mejor apoyo al grupo. Transmití a los participantes lo que habíamos pensado hacer (teniendo en cuenta tantas peticiones como nos fue posible) y, después, volvimos a la formación en sí. Curiosamente, cuando recibimos los formularios de comentarios tras finalizar la formación, este intercambio concreto fue lo que los alumnos más valoraron. Agradecieron tener una coordinadora y un equipo que realmente los escucharon y se tomaron el tiempo de atender sus peticiones en lugar de ignorarlos o negarse a escucharlos cuando surgieron cuestiones incómodas. Esto ocurrió en una cultura un poco autoritaria, así que para el grupo supuso una gran diferencia tener líderes que respondieron abiertamente y sin dureza, abuso de autoridad o crítica. Esto fue una lección muy importante para mí.

Creo que la mayoría de nosotros tenemos esto en común: en lugar de que nos convenzan de lo contrario o que nos tranquilicen, simplemente queremos que nos escuchen a un nivel profundo. Evidentemente, esto puede resultar difícil a veces, ya que las relaciones pueden sacar a relucir muchas cosas y es natural enfrentarse a retos cuando tratamos con otras personas, especialmente las más cercanas. Pero si hacemos todo lo posible por escuchar, podremos obtener el mejor resultado de las situaciones difíciles y tendremos muchas más posibilidades de acercar posiciones con la persona a la que escuchamos.

HAS 2 Practicar la presencia

Escuchar es una de las formas en que podemos demostrar presencia, que es uno de los regalos más importantes que podemos ofrecernos a nosotros mismos y a los demás en las relaciones. La presencia no es algo estático, sino una forma de ser. La presencia implica estar ahí, prestar atención y hacer que la otra persona sepa que puede contar con nosotros para lo que sea. Significa hacer todo lo posible por dejar al margen nuestras preocupaciones e inquietudes y estar con ella sin distracciones. Esto puede resultar difícil actualmente con tantos dispositivos alrededor la mayor parte del tiempo, pero te recomiendo encarecidamente dejar al margen el teléfono o la tableta cuando le quieras demostrar a alguien que estás realmente presente. Obviamente, es imposible hacer esto a la perfección todo el tiempo, pero hay ciertas cosas que podemos hacer para practicar la presencia a fin de estar más disponibles para otras personas y para nosotros mismos.

Tengo un conocido llamado Jim que es un terapeuta y *coach* muy ocupado. Tiene una agenda muy apretada, pero me contó que cuando vuelve a su ciudad natal para visitar a sus padres, intenta dejar al margen su trabajo. No atiende al teléfono, no se conecta a Internet..., no hace nada que pueda distraerlo de estar totalmente presente con su padre y su madre. Jim se esfuerza al máximo para dedicarles esos tres o cuatro días a tiempo completo. Afirma que esto ha transformado totalmente su relación con ellos y les ha permitido sanar un poco, únicamente por el hecho de que Jim tenga esa disponibilidad.

Por tanto, decidí intentarlo yo también. Antes, cuando iba a visitar a mis padres, trataba de ponerme al día con el trabajo atrasado y contestar todas las llamadas y los correos electrónicos pendientes. Dejé de hacer esto cuando estaba con ellos y me comprometí a estar presente al cien por cien, de una forma que no lo había estado antes. Le hice la manicura y la pedicura a mi madre, vimos juntas la televisión y tuvimos algunas conversaciones valiosas e interesantes sobre lo que era importante para ella en la vida, qué tenía sentido, qué lamentaba, qué le resultaba divertido y muchos otros temas, tales como historia o moda. Fui a dar paseos en bicicleta con mi padre y pasé tiempo con él en su taller arreglando cosas; bueno, más bien él arreglaba la mayoría de las cosas mientras yo le hacía compañía. Incluso me llevé una cámara y grabé entrevistas a mis padres sobre sus vidas. Me hablaron sobre sus hermanos, amigos, profesores y padres; sus primeros trabajos, primeros amores y primeros besos; los bailes del instituto y el baile de fin de curso. Mi padre me dio un poco más de información embarazosa de la que pensaba recibir cuando me explicó sus experiencias en las primeras citas detrás de la heladería donde trabajaba después de clase. Me contó que en su adolescencia no le permitían bailar ni ir a fiestas debido a su estricta educación religiosa, y mi madre me contó una sorprendente historia sobre una visita a una morgue el día de su fiesta de graduación por una apuesta. Ambos me contaron cómo se reunían en torno a la radio en familia y disfrutaban de los primeros programas de televisión en la década de 1950. En resumen, me enteré de un montón de cosas maravillosas sobre ellos y, al estar presente de esta forma, nuestra relación cambió. Incluso fuimos capaces de cerrar ciertos asuntos pendientes en nuestra relación desde mi niñez. A su vez, esto abrió el espacio para incluir más intimidad y conexión.

El compromiso para no tener distracciones con otra persona en un mundo tan lleno de ellas es una práctica poderosa y gratificante. Para la mayoría de nosotros, actualmente esto requiere dejar a un lado pantallas y dispositivos, y no dejar que nos distraigan y nos separen, al menos por un rato. Inténtalo en la cena alguna vez: deja los teléfonos de todos en silencio en una cesta mientras disfrutas de comer en compañía y observa la diferencia en la capacidad para conectar. La atención es un activo muy valioso, y te recomiendo todo el tiempo de presencia física sin dispositivos que puedas asumir.

Los demás saben si estás totalmente presente o no, y les importa. Intenta estar presente alguna vez cuando estés al teléfono. En lugar de hacer algo mientras —como navegar por Internet o lavar los platos—, siéntate y trata de estar todo lo presente y atento que te sea posible. Ofrece tiempo sin distracciones a las personas importantes para ti y observa cómo esto transforma tus relaciones. Si quieres obtener más información sobre el poder de la presencia en las relaciones, te recomiendo efusivamente leer *El año del sí*, de Shonda Rhimes. El terapeuta, investigador y escritor Kim John Payne también ha escrito mucho sobre este tema.

HAS 3 Sintonizar

Sintonía es casi sinónimo de empatía o apego seguro. Me gustaría incluirla aquí como una habilidad que podemos perfeccionar y que implica una maravillosa combinación de escucha, presencia y mucha compasión. El psicólogo y escritor Dan Goleman atribuye a Paul Ekman, terapeuta y pionero en el estudio de las emociones y su relación con las expresiones faciales, la descripción de tres tipos de empatía: cognitiva, emocional y compasiva (algo que Dan denomina *preocupación empática*).[4] La empatía cognitiva hace referencia a nuestra habilidad de captar la interpretación del mundo por parte de otra persona, mientras que la empatía emocional significa que resonamos con sus sentimientos. La preocupación empática es verdadera sintonía: significa que captamos todo lo anterior, pero también acompañamos al otro de forma que sabe que no está solo. Nos afectan personalmente sus alegrías y, cuando sufre, queremos hacer algo al respecto, queremos intervenir para ayudar. Por tanto, la sintonía implica muchas cosas. Significa tener curiosidad sobre la experiencia de otra persona y tratar de entender cómo es para descubrir nuevas facetas en ella e intentar resonar con ella. ¿Cómo ve el mundo? ¿Cómo experimenta sus propios sentimientos? Y, cualesquiera que sean las emociones o situaciones que surjan, la sintonía también significa hacer todo lo que podamos para conectar con los demás y hacerles saber que estamos ahí. La sintonía es lo que permite que aparezca esa sensación de contingencia. Hace que la otra persona sepa que realmente la captamos, que estamos a su lado. La experiencia de recibir esto y de ofrecerlo a otra persona es inestimable.

Dedicarnos a estar en sintonía con otras personas también nos permite darnos cuenta de cuándo dejamos de estarlo, lo cual es crucial en las relaciones. Estamos orientados hacia la conexión, pero también somos conscientes de cuándo una conexión no es exactamente como nos gustaría. Si sientes que no estás del todo en sincronía con alguien o te preocupa no entender por completo su situación o sus sentimientos, pídele que te proporcione más información sobre lo que intenta compartir contigo. Hazle preguntas que demuestren interés y te ayuden a comprenderlo mejor.

HAS 4 Participar en la atención conjunta

Las habilidades siguientes (las que se deben practicar de forma conjunta) se pueden considerar como un subconjunto de la atención conjunta, que significa estar ahí en reciprocidad el uno para el otro, independientemente de lo que se esté haciendo: meditar juntos, bailar vuestra canción favorita, bromear, cocinar o hacer ejercicio. Cualquier actividad puede servir para fomentar el apego seguro con tu pareja, un hijo, un familiar o un amigo cuando se lleva a cabo con atención conjunta. Podrías estar viendo una película en el sofá y a la vez practicar la atención conjunta (por ejemplo, estableciendo contacto visual ocasionalmente, riendo juntos o teniendo una conversación después sobre la película).

HAS 5 Mantener el contacto

Una de las señas de identidad del apego seguro es la receptividad constante. Mantener el contacto significa que haces todo lo posible por conservar la conexión con la otra persona, ya sea mediante contacto visual, contacto físico, mensajes o citas en vuestro restaurante preferido. Para practicar esta habilidad, basta con ser un poquito más atento a la hora de responder sus mensajes. Recuerda que los bebés lloran para expresar diferentes necesidades. De adultos, podemos usar palabras para tratar de acercarnos a otras personas, pero a veces no somos muy directos y podemos utilizar quejas, discusiones y conflictos para llegar a la conexión que buscamos de forma subyacente. Por ejemplo, detrás de la queja «no me puedo creer que te vayas a otro viaje de negocios sin mí» subyace el mensaje «te quiero mucho y quiero estar contigo, y te echo de menos cuando te vas». Recuerda esto en tus propias relaciones. Cuando alguien te pida algo, no olvides que pueden estar ocurriendo muchas más cosas aparte de lo evidente. Intenta acordarte de que la calidad de tu respuesta podría significarlo todo para esa persona.

A este respecto, la oportunidad es importante. Si un bebé llora y esperas hasta el final del día para responder a su llamada de atención, lo más probable es que la necesidad que tenía quedara sin satisfacer porque él aún no puede hacerlo solo, por lo que estará muy angustiado. Además, puede que necesite que lo cambien o tener otras necesidades que requieran tu atención. Si te pido algo como adulto y no tengo noticias tuyas en tres semanas, parecerá que no tienes mucho interés en mantener la conexión conmigo. Aunque la respuesta sea no, el momento de responder en sí es importante. Así que tenemos que responder de forma oportuna (con cierta prontitud), la calidad de la respuesta debe coincidir con lo que pide la persona y se debe satisfacer la necesidad lo mejor posible.

Por último, cuando se practica el mantenimiento del contacto con otra persona, es fundamental evitar llevar la cuenta de quién responde mejor o más rápido. No debería ser necesario decir que reaccionar negativamente cuando alguien expresa una necesidad no fomenta el mantenimiento del contacto ni el apego seguro. Obviamente, no siempre podemos responder inmediatamente a las llamadas de atención o las solicitudes de nuestra pareja, pero todos podemos mejorar a la hora de responder a las demandas de conexión para hacerlo de forma un poco más considerada y rápida.

HAS 6 Estar al tanto de las idas y venidas

Al igual que «HAS 4: Participar en la atención conjunta», esta habilidad puede ayudarnos a avanzar bastante. Nuestros sistemas de apego son sensibles a cuándo otras personas se acercan, cuándo se van y qué pasa en las relaciones como resultado de estas transiciones. A algunos de nosotros, nos cuesta más volver a encontrarnos que despedirnos, y viceversa. Es interesante prestar atención a lo que ocurre cuando los demás vienen y van en nuestra vida diaria. ¿Qué tipo de persona eres? ¿Eres sensible al hecho de que otros se acerquen a ti? ¿Evitas acercarte a otros? ¿Sientes angustia cuando las personas cercanas a ti se despiden y se van?

Stan Tatkin recomienda una excelente actividad llamada el
«ejercicio de bienvenida».[5] Supongamos que estás en casa preparando la cena y tu pareja llega después de un largo día de trabajo.
Para practicar este ejercicio, basta con que bajes el fuego, te acerques a tu pareja y le des un gran abrazo. Prolonga este contacto de
cuerpo entero uno frente a otro hasta que vuestros cuerpos se relajen y se regulen. Como mencioné anteriormente, el sistema nervioso está diseñado para corregularse, y esta es una manera de interactuar directamente con el sistema nervioso de otra persona. Los
dos cuerpos se conectan y se regulan mutuamente, lo cual establece
una pauta para el tiempo que vais a pasar juntos. Al parecer, cuando
sientes que otra persona te ayuda a regularte neurológicamente, tu
cuerpo quiere estar con ella. ¡Imagínate!

El final del día, cuando nos vamos a dormir, es una transición
importante para las parejas. ¿Cómo te vas a la cama por la noche?
Hoy en día, las parejas no siempre se duermen juntas debido a los
horarios de trabajo o a otros compromisos. Por tanto, cuando sea
posible, es beneficioso planificar un momento consciente en el que
desearse buenas noches mutuamente. O, si os vais a la cama juntos,
tener un ritual para finalizar el día, aunque solo sea hablar sobre
cómo ha ido el trabajo durante quince minutos más o menos.

Una de mis parejas favoritas, Dee y Freddy, tienen un ritual
de amantes del chocolate que me parece fantástico. Cada uno de
ellos deja en la almohada del otro una nueva chocolatina que han
descubierto o una trufa *gourmet* por la noche para poder deleitarse
con su capricho favorito juntos mientras se ponen al día y comparten sus experiencias cotidianas. Habitualmente, dedican este tiempo también a aclarar y solucionar cualquier cosa molesta que haya
ocurrido durante el día entre ellos, por nimia que sea. No es solo
un ritual placentero para terminar el día, es un magnífico gesto de
aprecio, conexión y amor.

También podemos hacer pequeñas cosas como esta para empezar el día. Algunas personas siempre desayunan juntas, preparan café para el otro o dan un paseo por el barrio. Sea lo que sea, intenta establecer un ritual mutuo que celebre la importancia de las idas y venidas. Si haces de esto una prioridad, se fortalecerá vuestro vínculo afectivo.

HAS 7 Usar los ojos

Estamos diseñados neurológicamente para comunicarnos cara a cara.

Enviar mensajes de texto con palabras y emoticonos, respondernos mutuamente en las redes sociales y mantener un contacto regular mediante correo electrónico son cosas que pueden tener su espacio en el mundo actual, pero ninguna de ellas ofrece el tipo de sustento fundamental que brindan la presencia física y el contacto visual. En mi trabajo, solemos hacer referencia a la *mirada de apego* o la *mirada encendida* (expresiones acuñadas por Patti Elledge, instructora de nuestros talleres de DARe). Se trata de utilizar el contacto visual para comunicar un sentimiento de amabilidad y receptividad a otras personas o de recibir esto mismo de ellas, o ambas cosas a la vez. Es esa mirada que dice: «Eres especial para mí», «Eres increíble» o «Te amo». Piensa en cómo la otra persona ve tus ojos cuando la miras. ¿Qué transmiten? En un momento u otro, todos hemos recibido miradas duras de otros (miradas de disgusto, indignación u odio) y, en ese momento, todo nuestro ser puede venirse abajo. Pero también puede ocurrir lo contrario. Observa lo que pasa cuando permites que tus ojos expresen conexión y aprecio hacia otra persona.

No obstante, recuerda que la gente puede desviar la mirada cuando siente algo complicado (vergüenza, por ejemplo). No siempre es buena idea intentar mantener o incluso invitar a tener contacto visual. Los adolescentes suelen encontrarlo intrusivo o agresivo, y la típica solicitud de los padres de «mírame cuando te hablo» suele provocar más distanciamiento. A veces, es mejor caminar y hablar uno al lado del otro o participar juntos en actividades predominantemente silenciosas, tales como la pesca, la jardinería o la costura. En algunas culturas, el contacto visual amable se interpreta como una invitación sexual; en otras, es una falta de respeto que los niños miren directamente a un adulto.

El contacto visual no siempre es útil o apropiado, pero cuando lo es, es una de las formas más fáciles de alimentar el apego seguro. No cuesta nada, requiere un esfuerzo mínimo y se puede hacer en cualquier momento con resultados muy beneficiosos en cuanto a fomentar el vínculo emocional. Inténtalo cuando estés en una fiesta con tu pareja: lánzale una mirada encendida desde el otro lado de la habitación. A través de los ojos, hazle saber a tu persona amada que piensas que es genial, que la admiras. No te llevará más que un par de segundos, pero te prometo que significará mucho para ella. Incluso puedes practicar la mirada de apego con tus mascotas. Observa cómo responden. Intentaremos este ejercicio de otra forma cuando analicemos el apego evitativo en el segundo capítulo.

HAS 8 Jugar

Esta es una manera deliciosa de alimentar el sistema de apego. Piensa en cuánto les gusta a los niños jugar entre ellos, con amigos imaginarios, con sus padres y con otros adultos simpáticos. Parece como si no hubiera nada en el mundo más importante para ellos que jugar. De adultos, es fácil perderse en el trabajo y olvidar lo importante que es jugar, pero el juego es una forma estupenda de fomentar la conexión y la confianza. Nos marcamos tantas metas

en la vida..., pero ¿qué pasaría si divertirnos fuera nuestra prioridad? Pasarlo bien de verdad juntos. Intenta un nuevo juego con
tu pareja o reintroduce una actividad que os gustara a ambos de
pequeños. El objetivo no es ganar, por supuesto, sino que ambos
disfrutéis juntos.

Aumentar el tiempo de juego es una de las formas más agra-
dables de enriquecer la experiencia del apego seguro. ¡Sé creativo
y diviértete! Una de mis amigas, Sharon, le compró a su marido un
sombrero de fieltro y alquiló *Casablanca* (su película favorita). Annie
sorprendió a su marido con una tarde en las máquinas de bateo,
aunque ella nunca había jugado al béisbol en su vida. Ralph compró entradas para el teatro, conciertos y clubs de comediantes, y se
apuntó a clases de cocina con su pareja. Matt y Suzie fueron juntos
a clases de tango. Minigolf, senderismo, juegos de mesa, caza, avis-
tamiento de pájaros, descenso de rápidos, conferencias universita-
rias, cata de vinos..., ¡las posibilidades son infinitas!

HAS 9 Desautomatizar

Para ser más eficiente a la hora de actuar en el mundo, el cerebro
hace todo lo posible para automatizar los procesos. Por ejemplo,
después de aprender a montar en bicicleta, automatizamos el proceso para poder repetirlo cada vez con más facilidad. De la misma
manera, aprendemos a escribir, leer, sumar y restar, etc. Después,
automatizamos estas actividades para que resulten más eficientes;
no tenemos que pensar en cada paso cada vez que lo ejecutamos.
Stan Tatkin resalta que, por desgracia, tenemos tendencia a automatizar a nuestras parejas.[6] Esperamos que se comporten y respondan dentro de un espectro concreto que no es muy flexible, y
podemos pensar erróneamente que lo sabemos todo sobre ellas, lo
cual es ridículo. Cada persona de nuestra vida es un universo único

en constante desarrollo. Es mucho más gratificante poner atención a este hecho y captar su atención de formas que se adapten a su inmanente «milagrosidad».

Una forma de hacerlo es encontrar cosas nuevas e inusuales que hacer juntos. Esto te ayudará a mantener el interés y la conexión con diferentes aspectos de las personas cercanas. La novedad genera atracción en el cerebro. Hace que nuestras relaciones se mantengan vivas, interesantes y apasionadas. Cuanto más espacio reservemos para la novedad y la complejidad, más posibilidades podrán surgir en nuestra relación que nos mantengan interesados. Por consiguiente, es importante mantenerse abierto a todas las distintas posibilidades sobre lo que tu pareja podría ser y quién es, y no dar por hecho que ya la conoces y que no hay nada más. Sí que hay, y nunca termina. Cada día es un nuevo comienzo.

HAS 10 Reconciliarse, reconciliarse, reconciliarse

El médico e investigador en psicología John Gottman realizó un estudio con recién casados en el que les realizaba un seguimiento durante seis años. Las parejas que permanecieron casadas tenían como costumbre hacer las paces tras una desavenencia en su relación el ochenta y seis por ciento de las veces, mientras que las que se divorciaron solo se buscaban para reconciliarse el treinta y tres por ciento de las veces.[7] Es una diferencia considerable. Si hay algo que realmente deseo que recuerdes de este apartado es lo importante que es hacer las paces.

Ninguno de nosotros estamos presentes, en sintonía o de buen humor todo el tiempo, ni somos perfectos a la hora de escuchar. Así son las cosas. Todos cometemos errores o no estamos a la altura de vez en cuando, y es entonces cuando se pone de manifiesto la importancia de hacer las paces. Esta habilidad resulta esencial para mantener un apego seguro. No obstante, puede ser un reto porque la mayoría de nosotros nunca aprendimos a pedir perdón o a reconciliarnos en nuestras familias originales. Por fácil que parezca, me he dado cuenta de que no es habitual saber cómo hacerlo, así que no olvides que es posible que hacer las paces no resulte algo natural en tu caso o en el de tu pareja.

Cuando las cosas se tuercen, no importa realmente quién pide perdón o quién intenta hacer las paces en primer lugar. Lo ideal sería que ambas partes intentaran reconciliarse tras un lapso relativamente razonable. Como es obvio, a veces necesitamos tomarnos un tiempo para calmarnos. Así es en mi caso. Pero, después, volvemos a juntarnos para poder resolver la decepción o el daño sufridos. Y es crucial poder darnos cuenta de cuándo la otra persona intenta hacer las paces.

Si alguna vez has vuelto a casa del trabajo y el perro ha revuelto la basura o ha tirado algo al suelo de la cocina, sabes que incluso los animales se muestran avergonzados cuando hacen algo mal. Mi perro Max se acercaba a mí agachando su cabecita peluda y moviendo la cola de forma vacilante después de asaltar el cubo de la basura en la cocina. Se trata de una respuesta natural que todos compartimos, y es importante reconocerla en los demás para poder recobrar la sensación de contacto y unión. Los perros son animales extremadamente sociales. Si los castigas dejándolos fuera durante veinte minutos, por ejemplo, es casi lo máximo que pueden soportar. A partir de ahí se sienten heridos, igual que si los marginaras o los abandonaras. Ahora piensa en los niños, que son mucho más sensibles. Puede resultar útil castigarlos en su habitación, pero esto también puede ser contraproducente o causar un daño excesivo si se prolonga demasiado. Es mucho mejor estar más en contacto e intentar hacer las paces. Si un niño se acerca y te dice que lo siente o te da un dibujo que acaba de hacer para ti, es fundamental aprender a responder de forma empática.

A veces, cuando otras personas intentan reconciliarse con nosotros, no las dejamos. Quizá no se disculpan del todo bien, les resulta difícil expresarse o no sentimos que realmente entiendan por qué estamos molestos, o bien intentan congraciarse con nosotros mucho más tarde de lo que esperábamos. Bien, lo que estoy sugiriendo es que todos intentemos ser un poco más generosos. Cuando alguien se acerque con algún gesto de reconciliación, intenta reconocerlo y apreciarlo tal cual, en lugar de buscarle los fallos. Aplicar el beneficio de la duda repercutirá positivamente en ambos.

Evidentemente, también debemos aprender a iniciar el acercamiento para hacer las paces. Esto implica la habilidad de la escucha que mencioné anteriormente. Deja todas las explicaciones, racionalizaciones y desacuerdos, y simplemente escucha. Recuerda que la mayoría de las cosas que nos provocan proceden de nuestro historial de apego, así que, cuando tu pareja experimenta algún tipo de daño en la relación, normalmente no te enfrentas a una herida reciente que solo tiene que ver con algo que has hecho o has dejado de hacer. En otras palabras, no es probable que puedas arreglar las cosas explicándote bien. Ocurre algo más profundo. No pasa nada por cometer errores en las relaciones. De verdad. La buena noticia es que estas desconexiones pueden fortalecer la relación, siempre que aprendas a hacer las paces. Ed Tronick nos recuerda que el camino para llegar a un punto saludable en la relación no es lineal ni directo. Se parece más a navegar: el viento te desvía un poco del rumbo y hay que realizar los ajustes necesarios. Después, el viento te lleva hacia el otro lado y haces más ajustes en la dirección en la que quieres ir, moviéndote en zigzag hacia el destino deseado. Cuando cometes errores en una relación, los pequeños extravíos no tienen por qué arruinar todo el viaje. Solucionar las faltas de sintonía puede aumentar la resiliencia de una relación.[8] Desde luego, no queremos provocar desconexión a propósito, pero meter la pata forma parte de ser humano. Lo importante es hacer lo posible por recobrar la sintonía cuando surgen las inevitables desconexiones.

¿Hay alguien en tu vida que haya intentado hacer las paces contigo recientemente? Tómate un momento para pensarlo. Piensa en cualquiera que haya intentado ponerse en contacto y conectar contigo a quien hayas ignorado o hayas dado la espalda de alguna manera. Puede que no hayas contestado a su último mensaje de texto o que no le hayas devuelto una llamada porque no te apetece ver a esa persona cara a cara. ¿Qué pasaría si aceptaras su iniciativa de hacer las paces? ¿Estás dispuesto a intentarlo? También me gustaría invitarte a pensar en las personas con las que te gustaría ponerte en contacto y hacer las paces. Puede que algo no esté del todo bien en tu relación y te gustaría abrir el espacio para conectar de nuevo. Puede que tengas que asumir la responsabilidad por tu parte de un desacuerdo o pedir perdón por alguna pequeña falta de algún tipo. ¿Cómo sería hacer las paces con esta persona? ¿Cómo cambiarían las cosas en vuestra relación como resultado?

Pon esto en práctica en tu vida. Observa lo que ocurre cuando aceptas o inicias el acercamiento para hacer las paces. A veces, puede que intentemos hacer las paces con alguien que no está abierto o no es especialmente receptivo. Tampoco pasa nada. Hacer las paces es una habilidad vital que hay que aprender y practicar independientemente del resultado. Cuanto más lo intentemos, mejor nos saldrá. También es una forma de poner al día nuestras relaciones directamente. Descargamos el *software* más reciente, por decirlo de alguna manera, y, de forma ideal, las cosas empiezan a funcionar un poco mejor. Podemos seguir adelante y aumentar nuestra capacidad relacional en general. En las relaciones cotidianas, resulta útil hablar sobre cómo respaldar los intentos de reconciliación antes de estar en un espacio en el que uno o ambos se sientan provocados. Según yo lo veo, es como diseñar un ritual para hacer las paces. Podría ser algo tan simple como usar una palabra concreta para avisar de que ya estás listo para reconciliarte. Los demás no tienen por qué entenderlo; podrías decir «sandía» o «crepes» o «vamos a navegar», especialmente si la palabra o frase es algo que a ambos os gusta comer o hacer juntos. Esta señal indica que estás listo para reconciliarte y cambia la energía de la discusión o elimina la distancia que se ha creado. También podrías usar un gesto o una señal visual, como encender una vela cuando estés listo para disculparte. Es una forma de decir: «Quiero dejar esto atrás. Realmente quiero reconciliarme y volver contigo». Puede que la otra persona también tenga una vela que diga: «Vale, ahora estoy lista para escucharte y conectar contigo».

Cuando estaba casada con mi marido, que es muy alto, me subía al primer peldaño de la escalera cuando nos abrazábamos. Esto llegó a convertirse en nuestro ritual de reconciliación: cuando yo estaba lista, me subía a ese escalón; él lo reconocía como una señal y se acercaba para poder abrazarnos y hacer las paces. Hay muchas maneras de incorporar rituales como este en tu relación. No importa lo que sea mientras te ayude a hacer las paces, recuperarte y crear resiliencia.

HAS 11 Desarrollar y ampliar tus recursos

Ahora me gustaría centrarme en algunas prácticas que puedes realizar por tu cuenta para fomentar el apego seguro. En la introducción, mencioné que el patrón de apego no es algo que surja solo en el transcurso de una vida, es decir, únicamente por las experiencias vividas en la niñez. De hecho, el estilo de apego —con sus puntos fuertes y débiles— puede transmitirse de una generación a otra; en cierto modo, heredamos el patrón de apego de todos nuestros ancestros. Para algunos, puede que esto parezca una noticia terrible, pero recordemos que la neuroplasticidad forma parte del diseño del sistema nervioso. Por tanto, aunque es cierto que a demasiados de nosotros nos criaron padres que cargaban con viejas heridas de su propia niñez y con el sufrimiento de sus ancestros (heridas que nunca sanaron del todo y provocaron que nuestros padres y los padres de nuestros padres tuvieran dificultades durante toda la vida), también es verdad que nuestras adaptaciones de apego no son inmutables. Algunos tenemos legados traumáticos, así que me gustaría proponer algunas prácticas que sacan partido de nuestra neuroplasticidad innata.

Tanto si son conscientes como si no, algunos padres que viven con sufrimiento constante propician que sus propios hijos cuiden de ellos. Este tipo de relación, obviamente, es la antítesis de lo que debería ocurrir. Se supone que tus padres deberían estar ahí para protegerte, para satisfacer tus necesidades y para cuidarte, y no al contrario. No es que los niños no deban hacer nunca nada por los padres, pero no están preparados ni tienen la madurez suficiente para solucionar los problemas de los adultos, ni para actuar como sustitutos de cuidadores o parejas. Cuando los padres tratan así a sus hijos, a menudo resulta en alguna forma de apego inseguro. Si algo de esto te resulta familiar, te invito a intentar los ejercicios siguientes para que te ayuden a reorientarte hacia el apego seguro.

EJERCICIO Intercambio de papeles (con tu madre/figura materna)

Empieza por pensar en tu madre. Imagínatela mientras crecía. Intenta obtener una impresión clara de quién era tu madre y de todo lo relacionado con ella: qué le preocupaba, cuáles eran sus necesidades, a qué retos se enfrentaba, etc. Haz todo lo posible por sumergirte en su experiencia de la forma más vívida que puedas.

Ahora, imagínate que tu madre hubiera tenido todo el apoyo que necesitaba de otros adultos considerados cuando se enfrentaba a dificultades. En esta fantasía, imagina que tenía acceso a cualquier fortaleza, cualidad, conocimiento o comunidad necesarios para ayudarla justo como necesitara a lo largo de su niñez y hasta llegar a la edad adulta. Es crucial que no te imagines que eres tú quien satisface estas necesidades. Durante la visualización de este ejercicio, imagina que otros adultos responsables y atentos cuidaban de ella. Visualiza a tu madre rodeada por adultos competentes y cariñosos que le ofrecían todo el apoyo necesario. Como hijo de tu madre, no tienes que hacer nada; simplemente ves cómo se desarrolla todo. Observa esta película que estás creando en tu imaginación. Presencia cómo estos adultos competentes y protectores cuidan de ella, y pon atención a los detalles de los resultados de sus cuidados. Puede que tu madre sonría más o viva su vida con una carga menor. Está más feliz, es más fuerte y tiene más recursos para enfrentarse a los retos que le esperan. Observa los cambios en ella según va obteniendo lo que necesita. Puede que la veas crecer, sanar, divertirse y disfrutar de más energía. Puede que sea más atenta y esté menos resentida como madre.

Una de mis clientas, Lisa, se imaginó que su madre tenía amigas como el personaje de Mary Tyler Moore en el programa de televisión de los años setenta que llevaba su nombre. Lisa se imaginó a su madre en un club de lectura lleno de este tipo de mujeres independientes y profesionales, al contrario que su madre real, que se sentía abrumada y desconectada tras dar a luz a diez hijos, uno tras otro, y depender completamente de su marido. A medida que la madre imaginaria de Lisa, que era más libre, disfrutaba de la compañía de mujeres fuertes e interdependientes, los sentimientos de culpa y vergüenza de Lisa por ser una carga para su madre se aliviaron, y se sintió también más libre. Dejó de sentir que tenía que sacrificarse para cuidar de su madre, ya que ahora (en su mente) tenía a sus amigas del club de lectura y podía recibir el respaldo de otras mujeres adultas. Aunque el club de lectura era imaginario, esta escena fue una liberación para Lisa.

Ahora, dirige la atención hacia ti mismo. ¿Cómo se siente tu niño interno con tu madre ahora que te la imaginas totalmente cuidada, protegida, apoyada, satisfecha y disfrutando? ¿Qué notas en el cuerpo? ¿Qué ocurre emocionalmente en tu interior? ¿Qué diferencia hay en tu experiencia ahora que ella tiene adultos competentes en su vida y no te necesita a ti ni a ningún otro niño para cuidarla? Explora estas cuestiones y experimenta cualquier pensamiento, sentimiento o sensación nuevos que surjan.

Dedica un momento a escribir cómo ha sido para ti esta práctica. ¿Qué ocurre cuando te imaginas que tu madre contaba con los recursos necesarios? Muchas personas experimentan una profunda sensación de alivio tras realizar este ejercicio. Algunas pueden visualizarse disfrutando de su niñez; pueden sentir despreocupación por primera vez en su vida. Mi amigo Alan hizo este ejercicio y vio a su madre, que previamente estaba agotada, preparando la comida, tarareando una melodía y sonriendo. Su padre entraba entonces en la habitación, abrazaba a su madre y le hacía arrumacos mientras se mecían en la cocina, bailando, y ella movía la sopa de vez en cuando. Esta imagen es bastante distinta de lo que realmente pasaba en su niñez. Su padre, alcohólico, solía enfadarse, y su madre le tenía miedo. En cualquier caso, Alan se permitió ver otra imagen distinta y, al hacerlo, notó cambios en sí mismo. Cuando visualizaba a sus padres tan conectados y enamorados, el entorno de su familia imaginada era acogedor, armonioso y feliz. Como no sentía que tuviera que acudir a cuidar de su madre de ninguna manera, empezó a sentirse más tranquilo, más despreocupado y menos ansioso como niño. Alan sintió que podía centrarse más fácilmente en jugar con sus hermanos y en actividades que le gustaban, como construir maquetas de aviones. Al utilizar la puerta trasera mediante este poderoso proceso imaginario, mi amigo vislumbró cómo podría ser sentir el apego seguro, lo cual no es poca cosa. Es muy importante que las facetas emocional, psicológica y espiritual tengan la oportunidad de sentir lo diferente que puede ser el apego seguro y de incorporar esos nuevos sentimientos. Esto hace posible que tu apego seguro empiece a aflorar y te permite entrever cómo es este tipo de apego para poder empezar a reorientarte hacia él ahora como adulto.

EJERCICIO Intercambio de papeles (con tu padre/figura paterna)

Ahora, vamos a probar el mismo ejercicio con tu padre. Haz todo lo posible por ponerte en su lugar. En el nivel más profundo, ¿cuáles son sus necesidades? ¿Cuál podría ser su herida fundamental si tratas de comprenderlo con mayor precisión? Intenta verlo lo más completa y claramente que puedas: sus retos, sus deficiencias, sus heridas y sus dones. Imagina que tiene a su lado algunos ancianos sabios, amigos compasivos o familiares cariñosos.

Si pudieras imaginar a alguien que fuera su guía ideal, ¿quién sería? De nuevo, este consejero, mentor o anciano no eres tú, sino un adulto competente, amable y fiable que siempre sabe qué hacer o sugerir. Visualiza cómo esta persona (o personas) apoya a tu padre en los momentos difíciles, cuidándolo con dulzura y humor, o simplemente estando a su lado para lo que necesite. Observa cómo responde tu padre, sonriendo y creciendo fuerte y lleno de recursos. Ya de adulto, también se siente protegido. Imagina los cambios a medida que pasa por la vida respaldado y querido de esta manera.

Ahora, dirige la atención hacia ti. ¿Qué sientes en este momento? ¿Qué ocurre en tu corazón? ¿Qué sensaciones surgen en tu cuerpo? ¿Qué sientes al ver a tu padre con tantos recursos, apoyo y amor? ¿Qué cambia en tu experiencia ahora que ves que está bien cuidado? Con sus necesidades satisfechas, puede que tu padre hubiera tenido más energía y capacidad para ser mejor padre para ti y tus hermanos. ¿Qué ocurre cuando se libera su potencial para estar a tu disposición cuando eras niño? ¿Qué cambia para ti?

Todos nacemos llenos de amor y compasión, y, a medida que crecemos, somos bastante conscientes del sufrimiento a nuestro alrededor, especialmente el de nuestros padres. Naturalmente, queremos cubrir las carencias de sus vidas, sanar sus heridas y satisfacer sus necesidades, pero no podemos. En primer lugar, no nos corresponde. En segundo, no tenemos edad o recursos suficientes para hacerlo, aunque lo intentemos. Por tanto, si crecemos con padres que necesitan que cuidemos de ellos de alguna manera, el resto de nuestra vida nos sentimos siempre como si les falláramos: no somos suficiente o siempre hacemos algo mal en mayor o menor grado.

Te sugiero realizar esta práctica varias veces. Prueba con otras figuras maternas y paternas, pero céntrate solo en una relación en cada ocasión; funciona mejor si visualizas a una persona individual en lugar de un grupo. Aunque esta experiencia sea imaginaria, te ayudará a sanar heridas relacionales. No importa lo distinta que sea tu historia real de la versión imaginaria. El hecho de traer recuerdos a la mente e infundirles un contrapunto positivo no cambia el pasado, pero combina el suceso original con recursos actualizados.

Con la reconsolidación de la memoria, cuando contactamos con el recuerdo de la herida original, es posible realizar cambios. Cuando tenemos una experiencia de sensación sentida de apego seguro, por ejemplo, ese nuevo recurso puede convertirse en parte del recuerdo original. Y cuando el cerebro se enfrenta a la vieja herida junto con la experiencia reparadora relevante (como el nuevo recuerdo con nuevos recursos), está diseñado para elegir la situación o la respuesta más adaptativa. Plantar una semilla de experiencia en relación con el apego seguro ofrece al cerebro la oportunidad de tomar un rumbo más sano. Así que, para que quede claro, este ejercicio no va de negar el pasado, sino de avanzar hacia un futuro mejor y más empoderado.

Cuando hemos crecido con padres que nos hacían daño o no satisfacían nuestras necesidades de cualquier otra manera, a veces puede resultar difícil ayudarlos cuando van envejeciendo y necesitan más asistencia. Si podemos sanar nuestro pasado, puede que seamos capaces de estar más disponibles para ellos de una forma auténtica cuando se acerquen al final de su vida. Puede que veamos sus heridas de apego sin resolver aflorar de nuevo de forma más profunda bajo la presión de ser más vulnerables cuando se hacen mayores, por ejemplo una excesiva dependencia o una autosuficiencia que no se ajusta a la realidad. En el último caso, tus progenitores se pueden enfadar si tienen que pedirte ayuda a ti o a otras personas. La madre de mi amiga Edith empezó a mostrar desconfianza y un poco de paranoia por el hecho de que sus hijos se aprovechaban de ella económicamente (nada más lejos de la verdad) cuando crearon un fondo para ella. Su pérdida de autonomía financiera le resultaba inquietante, ya que sus hijos tenían que pagar sus facturas y deudas fiscales. Si las heridas de apego reaparecen o continúan en tus padres cuando se hacen mayores (lo cual es habitual), puede que debas practicar tus habilidades de apego seguro para hacerte cargo de ellos en esta etapa de la vida también.

HAS 12 Prestar atención a lo bueno

Cuando nos estamos recuperando del trauma, es importante examinar nuestras heridas, ocuparnos de ellas con cuidado y ayudarnos a nosotros mismos a recuperarnos con compasión. Pero debemos tener cuidado de no caer en lo que la escritora y sanadora Caroline Myss denomina «heridología», es decir, definir nuestra vida únicamente por nuestras heridas y dificultades.[9] Esto puede impedirnos crecer y cambiar la forma en que experimentamos el mundo y nuestras relaciones. Por este motivo, es igualmente importante fomentar lo positivo que hay en nuestra vida, y eso es precisamente lo que hacemos al practicar las HAS. Queremos desarrollar la capacidad de reconocer lo que va bien en nuestra vida y encontrar formas de encaminar las relaciones hacia la felicidad y el bienestar. Igual que las plantas crecen buscando el sol, nosotros florecemos cuando nos orientamos hacia el apego seguro. Con este fin, es beneficioso reconocer los buenos sentimientos que acompañan al apego seguro. A la mayoría de nosotros ya se nos da bastante bien reconocer los sentimientos de dolor cuando las cosas van mal, pero necesitamos desarrollar un tipo de radar para saber cuándo las cosas van bien. ¿Qué tal se nos da percibir las señales de una conexión verdadera? ¿Y orientarnos hacia la «zona zootrópica»? En griego, *zoe* significa 'vida' y *trope*, 'girar' o 'hacia', así que *zootrópico* significa 'dirigirse hacia la vida', y la zona zootrópica se caracteriza por sentimientos y experiencias vitalistas, como un girasol que se orienta naturalmente hacia la luz según va creciendo. Eso es lo que buscamos aquí. Esencialmente, queremos familiarizarnos con lo que nos funciona y nos beneficia; eso es lo que queremos resaltar en nuestra vida. Espero que resulte evidente que no hablo de no prestar atención a los traumas y heridas sin más, algo que obviamente no nos ayuda. Pero el enfoque que recomiendo aquí va más allá de centrarse *solamente* en las dificultades.

En la introducción, mencioné a Rick Hanson. Este tema es su especialidad, y recomiendo encarecidamente su trabajo (echa un vistazo a *Cultiva la felicidad*, *El cerebro de Buda*, *Solo una cosa* o cualquier otro de sus libros que puedas encontrar). Lo más relevante para la HAS de la que estamos hablando es que Rick enfatiza la importancia de conectar con experiencias positivas durante el tiempo suficiente para alterar realmente las vías neuronales previas. Recuerda que el cerebro es perfectamente capaz de hacer esto; de hecho, está diseñado para sanar y desarrollarse de forma positiva. Por este motivo, es importante abrirse a las experiencias reparadoras que proporcionan prácticas como las anteriores. Prestar atención a las imágenes positivas e infundir recursos en los recuerdos mejorará la conexión con el apego seguro, y esto propiciará el cambio que deseamos en nuestra vida.

También recomiendo enfatizar medios audiovisuales, libros y experiencias que sean positivos, tanto en tu caso como en el de tu familia. Puedes proporcionarle a tu sistema de apego seguro gran cantidad de alimento si ves películas y programas de televisión prosociales, así como si lees libros motivadores o asistes a talleres positivos. Recomiendo la televisión no porque quiera que te enganches a malos hábitos, sino para ofrecer una opción fácil si vas a ver la televisión de todas formas. Personalmente, me gustó mucho *Parenthood* [Paternidad], una serie de NBC sobre la familia Braverman.

Aunque tienen muchos conflictos y pasan por diversas experiencias difíciles, esta familia encuentra una manera de lidiar con ellos y mantener (o recuperar) una sensación de conexión amorosa.

El psiquiatra y neurocientífico Amir Levine recomienda la película *Brooklyn*, en la que las personas se relacionan entre ellas predominantemente a través del apego seguro.[10] Otro ejemplo de apego seguro es la relación madre-hija entre Lorelai y Rory Gilmore en la serie *Las chicas Gilmore*. Aunque su relación puede reflejar cierta falta de límites entre madre e hija, principalmente muestra el apego seguro. Obviamente, son solo unas cuantas opciones entre los miles que existen.

Y, como lo que ves te influye, también recomiendo reducir el número de películas disfuncionales, abusivas o violentas de cualquier otra forma. No hablo de evitarlas por completo; solo te animo a inclinarte más hacia lo que fomente las relaciones sanas, es decir, aportar a tu red de apego seguro «alimentos nutritivos».

¿Qué orienta tu conciencia en esa dirección? ¿Los libros que lees y los programas que ves fomentan el apego seguro o algo no tan ideal en tu caso y el de tu familia? Como mínimo, merece la pena tenerlo en cuenta y probarlo de primera mano. Si quieres más exposición al apego seguro, búscalo en tus mentores, en los medios, en tus amigos y en tus relaciones. Las recompensas del apego seguro ciertamente merecen la pena.

Para terminar este capítulo con un tono positivo, intenta el siguiente ejercicio. Aunque sea durante unos minutos, céntrate en lo que va bien en tu vida.

EJERCICIO ¿Qué funciona bien?

Dedica un momento a reflexionar sobre las cualidades del apego seguro y las HAS ofrecidas en este capítulo. ¿Cuáles de ellas ya te resultan familiares y cuáles están presentes en tu vida actualmente? ¿Con quién sientes (o sentías) apego seguro y qué prácticas llevas a cabo para fomentar esas relaciones sanas? En otras palabras, ¿qué va bien en tu vida? Si te resulta una pregunta difícil de responder (por ejemplo, puede que muy poco de esto te resuene), céntrate simplemente en los elementos de este capítulo que más te motiven. Por ejemplo, ¿cuáles de las HAS te resultan más interesantes o tienes más ganas de probar? Puede que sea tener más contacto visual o abrazos más largos, o simplemente ver más programas de televisión que reflejen relaciones sanas. Puede que hagas un esfuerzo para responder con más rapidez a mensajes de correo electrónico, mensajes de texto y llamadas. ¿Cómo podrías ser más expresivo o protector si eso te supone un reto?

¿Cómo podrías practicar el hecho de disfrutar de tu tiempo a solas y aprender a tranquilizarte en soledad si te resulta difícil? ¿Cómo podrías aumentar la seguridad en tu relación de pareja o con tus hijos? Podrías abrazar a tu pareja y reafirmarle tu amor y tu compromiso con más frecuencia. ¿En qué te quieres centrar de aquí en adelante?

Cualesquiera que sean tus respuestas a estas preguntas, te invito a observar cómo cambian tus relaciones cuando das prioridad a estas prácticas y habilidades. El apego seguro es un derecho natural, y practicarlo en sus manifestaciones hará que resulte más prominente y evidente en tu vida.

PREGUNTAS PARA EVALUAR EL APEGO SEGURO

- ¿Quieres estar cerca de otras personas, te resulta fácil establecer conexiones y esperas que las relaciones vayan bien?
- ¿Te sientes relajado la mayor parte del tiempo con las personas cercanas?
- ¿Pasas de estar solo a estar acompañado con fluidez y sin demasiada dificultad?
- ¿Tú y tu pareja os disculpáis con facilidad y buscáis soluciones en las que ambos salís beneficiados cuando surgen conflictos?
- ¿Crees que la gente tiene básicamente buen corazón?
- ¿Es importante para ti satisfacer las necesidades de las personas cercanas?

- ¿Pides de forma fácil y clara que se satisfagan tus propias necesidades?
- ¿Estás presente con tus seres queridos y te liberas de las distracciones cuando conectas con ellos?
- ¿Haces lo posible por mantener la seguridad en tus relaciones y proteges a las personas que te importan?
- ¿Tienes ganas de pasar tiempo con tu pareja y tus amigos?
- ¿Eres cariñoso con las personas cercanas?
- ¿Respetas la necesidad de privacidad de los demás?
- ¿Qué importancia das a los límites saludables?
- ¿Dejas una relación cuando va muy mal porque sabes que dispones de otras opciones fantásticas de tener una relación satisfactoria?
- ¿Dedicas tiempo a jugar de forma regular?

2

APEGO EVITATIVO

Hasta este momento, nos hemos centrado en el apego seguro, es decir, hemos iniciado el viaje con el objetivo final en mente. Ahora me gustaría dirigir el foco hacia lo que hacemos cuando las cosas no nos van tan bien en la vida. En concreto, me refiero a las alteraciones del apego, es decir, los diversos estilos de apego inseguro con los que muchos de nosotros vivimos y nos enfrentamos. Verás que también me gusta usar la expresión *adaptación de apego*, y es por una buena razón. Cuando somos bebés, necesitamos a nuestros padres para sobrevivir; no tenemos elección. Nos *adaptamos* de acuerdo con las capacidades que ellos poseen o de las que carecen. A un nivel fundamental, respondemos y nos desarrollamos según lo que funciona y lo que no. Independientemente de dónde acabemos en la vida (es decir, sea cual sea nuestro estilo de apego), creo que el hecho de que nos adaptáramos lo mejor que pudimos es algo que merece un respeto y, como mínimo, cierto nivel de apreciación por el dilema al que todos los niños tienen que enfrentarse. Con suerte, puede que vivamos en una familia bendecida con el apego seguro. De lo contrario, nuestra única opción es adaptarnos a las limitaciones de nuestros cuidadores, y nos adaptamos de la manera en que mejor podamos mantener cubiertas nuestras necesidades de apego naturales, aunque eso signifique paradójicamente que neguemos nuestra necesidad de conexión.

No disponíamos de muchas investigaciones acerca de cómo los niños desarrollan adaptaciones de apego hasta la década de 1970, cuando Mary Ainsworth realizó sus estudios de la «situación extraña». Mary Ainsworth fue una investigadora y psicóloga que estudió con John Bowlby. Creó un procedimiento con el que examinó a alrededor de cien familias con hijos de edades comprendidas entre doce y dieciocho meses. Los niños estaban en una habitación con sus madres y un extraño, y disponían de algunos juguetes para entretenerse. Los investigadores observaban y catalogaban lo que ocurría cuando la madre se ausentaba durante un rato y luego volvía. Algunos niños se mostraban entusiasmados cuando su madre regresaba, y la abrazaban o la invitaban a jugar. Muchos de los niños mostraban muy poco estrés y reaccionaban positivamente de esta manera. Sin embargo, algunos de ellos no respondían así en absoluto. Cuando su madre volvía, actuaban como si no les importara o la ignoraban por completo y seguían jugando solos. Al principio, los investigadores pensaron que estos niños simplemente mostraban falta de interés; pero, cuando añadieron indicadores fisiológicos, estos niños en concreto mostraban muchos signos de estrés. En realidad, experimentaban potentes reacciones cuando su madre se iba y volvía, pero actuaban de forma que estas experiencias resultaran imperceptibles. En cierto modo, habían bloqueado sus reacciones normales y dedicaban una gran cantidad de energía a conseguirlo.[1]

Estos estudios revelaron mucho más que lo que menciono en este libro, como el hecho de que la investigación de seguimiento indicaba que los niños pueden mostrar diferentes estilos de apego con otros cuidadores. No obstante, en este capítulo, me centraré en los niños que acabo de describir. Mary Ainsworth denominó *evitativo* a su estilo de apego inseguro por la forma en que estos niños mantenían la distancia y habían dejado de intentar conectar con su madre. Su llamada de atención se había adaptado; en muchos casos, simplemente se había desactivado.[2] Cuando vemos a adultos que actúan de esta manera, pensamos que son autosuficientes, evasivos, reservados o distantes, pero este estudio indica que ocurre mucho más de lo que parece a simple vista. Este estilo en adultos se denomina «evasivo».

CAUSAS DEL APEGO EVITATIVO

Una vez trabajé con un hombre de negocios de Chicago. Cuando era pequeño, su madre se sentía bastante afligida y tenía dificultades para estar presente y ser cariñosa con él. Sin embargo, ponía mucha entrega en la limpieza regular de la casa. Mi cliente, Harold, recordaba estar solo en la cuna sin juguetes, móviles colgantes ni prácticamente nada para entretenerse mientras su madre pasaba la aspiradora a su alrededor sin prestarle atención. Creció aislado de forma evidente y no recibió el importante contacto necesario para establecer un sistema nervioso regulado. Harold estaba en tratamiento porque carecía de las habilidades para conectar con su mujer. Lamentablemente, este ejemplo ilustra algunos de los factores implicados en el desarrollo de la adaptación evitativa en los niños, que puede extenderse hasta la edad adulta:

Aislamiento. Dicho de forma simple, puede que los niños estén solos demasiado tiempo. Aunque no estén completamente solos o aislados, no crecen con suficiente tiempo de contacto directo con sus cuidadores.

Falta de presencia. Aunque los padres estén físicamente con ellos, no están suficientemente presentes. Puede que los cuidadores se encuentren con los niños pero que estén ausentes psicológica y emocionalmente, de forma que los niños se sienten como si no hubiera nadie en casa.

Presencia basada en tareas. Puede que los padres estén presentes con sus hijos solo cuando están intentando enseñarles algo. Los niños traducen este tipo de presencia como: «Estoy aquí para ti, pero solo si resultas útil o funcional».

Ausencia de contacto. Antes mencioné lo importante que es el contacto físico cariñoso para los niños. Lamentablemente, demasiados niños crecen sin él. Puede que tengan muchos adultos a su alrededor, pero aun así desarrollan una adaptación evitativa si carecen de un contacto físico apropiado y afectivo. Sufren de «hambre de piel».

Negligencia emocional. La negligencia emocional significa que los cuidadores no son sensibles a las necesidades emocionales de los niños. Estos no reciben una respuesta oportuna o de calidad, o bien no obtienen una atención emocional adecuada en absoluto. Su experiencia dominante es la de la falta de respuesta sistemática.

Disonancia expresiva. Puede que los padres empleen expresiones faciales que no correspondan a su estado emocional (sonríen cuando están enfadados o tristes, por ejemplo). Los niños que experimentan esto de manera continuada tienen dificultades para expresarse ellos mismos de forma auténtica con expresiones faciales coherentes y, a menudo, tienen problemas para entender, interpretar o transmitir las señales sociales apropiadas.

Interacción alterada. En algunos casos (por ejemplo, cuando están enfermos o no pueden demostrar los comportamientos de apego habituales), los niños no estimulan de forma adecuada los comportamientos de apego seguro en sus padres. Esto también puede ocurrir en la otra dirección, cuando un progenitor es físicamente incapaz de responder de una manera que active la red de apego seguro del niño.

Rechazo. Desafortunadamente, algunos niños sufren un rechazo absoluto por parte de sus padres. Aunque el rechazo no siempre implica una hostilidad evidente, puede tener un efecto muy profundo en los niños, especialmente si es algo habitual.

De nuevo, independientemente de lo que nos ocurra de niños, nos adaptamos a nuestros cuidadores. Al interactuar con ellos y su sistema nervioso, internalizamos la forma en que vemos las relaciones y construimos estrategias para satisfacer nuestras necesidades emocionales y sociales. Así es como obtenemos la plantilla relacional original a la que me refería en la introducción. Si pedimos atención y nos encontramos indiferencia o rechazo, es comprensible que nuestros comportamientos de búsqueda de apego se reduzcan. Y si nuestros padres no satisfacen nuestras necesidades emocionales con respuestas de calidad, es razonable que empecemos a depender más y más de nosotros mismos. Nos hacemos autónomos de forma reactiva. Esto difiere del proceso de desarrollo normal, en el que cada vez somos más capaces de hacer más por nuestra cuenta a medida que crecemos, porque hay algunas cosas que los niños no están preparados para hacer o conseguir por sí mismos a una edad tan temprana. Una cosa es ser autosuficiente de adulto y otra muy distinta tener que serlo de niño.

Estoy en desacuerdo con algunos de los libros sobre la teoría del apego que afirman que las personas con la adaptación evitativa no desean establecer conexiones, es decir, que hay algo en ellas que hace que no necesiten o no deseen tener relaciones. No creo que esto sea cierto en absoluto. Pienso que todos queremos tener amor y conexiones, y que ese deseo viene directamente del sistema de apego seguro, que es inherente a todas las personas, independientemente del estilo de apego.

Puede que hayamos crecido en un entorno en el que las relaciones no son seguras o reconfortantes, de forma que tenemos problemas para mostrarnos vulnerables con los demás. Sin embargo, esto no significa de ninguna manera que no deseemos conexión y cercanía en el fondo. Si somos evitativos, podemos estar desconectados del deseo de conectar. A medida que algunos de mis clientes han ido sanando sus heridas de abandono, se han dado cuenta de que quieren tener relaciones, igual que cualquier otra persona. Lo único que ocurre es que resulta un riesgo muy grande (y nos hace sentir sumamente vulnerables) abrirnos a otras personas. Pero, para reiterar lo que ya he dicho varias veces, el apego seguro está al alcance de todos nosotros, y los que se adaptan de forma evitativa no son una excepción.

CÓMO RECONOCER EL APEGO EVITATIVO

«Independiente», «en su propio mundo», «insensible», «frío», «distante», «lobo solitario» o «adicto al trabajo» son algunos de los apelativos que se suelen asociar con los evitativos. Pero vamos a analizar más de cerca cómo se manifiesta la adaptación evitativa (especialmente en la edad adulta), así como algunos de los motivos que subyacen a estas expresiones.

Incomodidad relacional y sensación de separación

Comprensiblemente, cuando crecemos con una adaptación evitativa, solemos estar aislados de otras personas. Estar solo puede parecer el estado natural, y maduramos con una fuerte sensación de separación. Preferimos hacer las cosas por nuestra cuenta, en lugar de pedir ayuda o reunirnos con otras personas en proyectos comunes, o tenemos relaciones menos problemáticas con objetos inanimados (posesiones) o amigos no humanos (animales y plantas). A veces, puede surgir el deseo de estar con otras personas y, entonces, quizá no nos guste estar solos (en ocasiones puede resultar incluso tremendamente doloroso), pero no nos damos cuenta de que hay otra forma de ser.

Simplemente, no sabemos cómo es vivir en un campo relacional cómodo. Muchas personas evitativas pueden sentirse rechazadas o distintas, como si su nivel de aislamiento las convirtiera en un tipo distinto de ser por completo. En algunos casos extremos, las personas evitativas pueden incluso referirse a sí mismas como objetos inanimados, como si fueran máquinas o robots impersonales.

Como nuestra plantilla emocional original nos dice que las relaciones no son reconfortantes, crecemos restando importancia a la conexión interpersonal. Normalmente no recurrimos a otras personas porque no esperamos que nos respondan o satisfagan nuestras necesidades. Si crecemos experimentando que las relaciones son predominantemente negativas y dolorosas, tiene sentido que no las busquemos ni confiemos en ellas de adultos. En nuestra memoria implícita, estar cerca de otras personas no era una buena experiencia. Puede que tengamos algunas amistades, pero pocas o ninguna que impliquen realmente una relación íntima y profunda durante un periodo de tiempo. Sexualmente, puede que prefiramos los ligues de una noche o la masturbación en solitario frente a las conexiones íntimas y duraderas con otras personas. Y, aunque decidamos estar en una relación, tal vez nos cueste expresar nuestro compromiso con nuestra pareja de una forma fiable y reconfortante.

Incluso puede que no echemos de menos a las personas que son importantes para nosotros cuando no están. Podemos tener

95

una sensación de alivio inicialmente cuando otros se van (por trabajo, viajes, divorcio o incluso cuando fallecen), una especie de «placer de separación» transitorio cuando la presión de conectar desaparece de forma temporal. Y puede que no nos demos cuenta del nivel de desconexión con el que vivimos hasta que empezamos a sanar. Para los individuos evitativos, el sistema de apego tiene un déficit de activación. Es como si una parte de nosotros estuviera desconectada porque no disfrutamos de una conexión agradable y reconfortante cuando éramos pequeños, especialmente en los primeros dos años de vida.

No obstante, debajo de todo eso, todavía anhelan establecer conexión, aunque vivan con un miedo tácito al rechazo. Por este motivo, cuando alguien con apego evitativo se abre en una relación, puede sentirse extraordinariamente vulnerable. Pero, como cualquier otra persona, con el tiempo puede experimentar el apego seguro innato, especialmente cuando encuentra una pareja o un amigo reconfortante que le ofrece una conexión en la que puede confiar. Podemos aprender a confiar y abrirnos al cariño genuino que una relación pone a nuestra disposición.

Disociación

Para las personas evitativas, puede resultar cómodo y normal disociarse. Disponen de estrategias de desconexión para garantizar la distancia cuando la presión de conectar resulta abrumadora. El abandono original que experimentaron pudo haber sido tan doloroso que la única escapatoria era «irse» a través de la desconexión. Con frecuencia, los que muestran el estilo de apego evitativo se distraen con actividades que fomentan la desconexión de otras personas, tales como navegar por Internet, jugar a juegos de ordenador, ver la televisión o incluso meditar. A veces, los evitativos emplean estas actividades para volver a enraizarse y recuperar una sensación de mayor presencia, pero con demasiada frecuencia estas cosas solo fomentan la desconexión. Puede que terminen sintiéndose más calmados, pero a la vez menos conectados consigo mismos y con los demás.

Para aquellos que se identifican con la adaptación evitativa, sugiero centrarse un poco más de lo normal en la presencia física y emocional. Por ejemplo, en lugar de recurrir a las formas habituales de manejar la presión (por ejemplo, desconectar durante un rato con el ordenador), optar por interactuar con otras personas y hacer todo lo posible por conectar con ellas. Obviamente, acercarse a los demás puede suponer un reto para los evitativos, así que, al principio, puede ser importante tomar decisiones conscientes sobre cuándo hacerlo y con quién hasta que resulte natural. Sugiero simplemente pedir a otras personas algo que necesites (por ejemplo, un vaso de agua o ayuda para arreglar algo en casa) o compartir algo que te haya pasado durante el día.

Si eres la pareja de alguien con la adaptación evitativa, haz todo lo que puedas para no tomarte su independencia, indiferencia o disociación de forma demasiado personal. Los evitativos han reaccionado al abandono o el rechazo que experimentaron originalmente mediante la desactivación de su sistema de apego. Se abstraen y han aprendido a aislarse. Frenar su necesidad de conexión consume mucha energía. Puede resultarles especialmente difícil mantener una relación muy íntima, a menos que se comprometan a adquirir habilidades de apego seguro y trabajar para sanar y conectar.

Si te identificas con este estilo de apego, intenta la siguiente práctica para desafiar algunos de tus sentimientos más profundos (principalmente inconscientes) sobre la conexión.

EJERCICIO   Practicar la atención conjunta

Los que han crecido con la adaptación evitativa suelen preferir actividades de atención paralela en compañía de otras personas que no impliquen su participación, tales como jugar a videojuegos o ver películas. Esto significa que hay muy poca interacción o participación mutua mientras las dos personas están practicando la actividad en cuestión. La sugerencia en este caso es intentar una actividad de atención conjunta (tratada hasta cierto punto en el capítulo anterior). Elige algo que te ayude a incluir a la otra persona en tu experiencia a medida que se desarrolle. Sea lo que sea (salir a comer fuera, practicar senderismo, conducir por una carretera con bonitas vistas o visitar un museo), haz todo lo que puedas por conectar con tu pareja o amigo mientras disfrutáis juntos de la actividad. Sigue haciéndolo hasta que sientas que puede resultar realmente reconfortante. No tienes que hacer un esfuerzo continuo durante todo el tiempo, pero intenta ser un poco más interactivo y comunicativo que normalmente.

Si tu pareja es evitativa, puede que percibas cosas que hace inconscientemente y sin querer que crean una distancia que te gustaría eliminar. Por ejemplo, dos amigas (Dee Dee y Shelly) suelen pasear juntas por la ciudad. Shelly siempre camina delante de su amiga. Dee Dee comprende que no lo hace para ofenderla, así que con frecuencia sugiere parar en un puesto de comida o una galería de arte para poder alcanzarla y estar juntas para compartir las experiencias. Lo que Shelly y Dee Dee disfrutaban individualmente pasa a formar parte de la atención conjunta, lo cual fomenta la cercanía, la reciprocidad y la conexión. Esto sirve para que Shelly, que es más evitativa, se rinda más fácilmente a una conexión, y ambas descubren gradualmente que pueden confiar en la presencia benevolente de la otra, lo que conduce a una conexión más fácil en el futuro.

Dificultad para el contacto visual

Cuando de niños miramos hacia el mundo externo en busca de nuestros cuidadores, solicitamos evidencias de amor, aprecio y presencia. Miramos a los ojos de nuestros seres queridos para vernos reflejados y saber quiénes somos. Desarrollamos nuestro sentido del yo y la personalidad a partir de este reflejo, tanto si es correcto como si no. Por ejemplo, puede que seamos bastante inteligentes, pero si nuestro progenitor nos mira como si fuéramos estúpidos, quizás asumamos esa identidad hasta que, con suerte, nos deshagamos de ella más adelante en nuestra vida. Por otro lado, si vemos amor en los ojos de nuestros padres, nos consideraremos dignos de recibir amor y también aprenderemos a dar amor.

Cuando nos encontramos con una mirada que transmite ausencia, enfado, crítica o rechazo, es comprensible que el contacto visual nos resulte problemático cuando crecemos. Puede que esperemos ver desprecio, enojo, rechazo o incluso odio cuando cruzamos la mirada con alguien. Este tipo de reflejo negativo puede incluir insultos u ofensas, con lo que terminamos viéndonos como inadecuados, desagradables, malos, estúpidos, patéticos o algo peor. Demasiados de nosotros no hemos recibido esa mirada encendida de la que hablé en el capítulo anterior o simplemente no tuvimos suficientes miradas que dijeran: «Eres especial para mí», «Te quiero» o «Eres adorable». Si el contacto visual es algo que queríamos evitar de niños, eso puede dejar una herida significativa a la que deberíamos prestar atención de adultos. A veces, los niños desarrollan la capacidad de simular que mantienen el contacto visual, pero, en realidad, lo que hacen es centrarse en la nariz, los dientes o la barbilla de la otra persona. Es difícil determinar si alguien está soslayando el contacto visual en lugar de mirarte directamente a los ojos. Muchos de nosotros lo hacemos sin ni siquiera darnos cuenta.

Una vez trabajé con una pareja que estaba intentando hacer lo posible por conectar, pero no dejaban de encontrarse con todo tipo de retos debido a sus adaptaciones de apego. Jim deseaba más contacto visual con Sally, pero a ella le resultaba difícil responder de esta manera. Sentía vergüenza en lugar de recibir una mirada de amor dirigida a ella. La vergüenza nos lleva a desviar la mirada, es decir, miramos hacia abajo o hacia otro lado, y tanto Jim como Sally necesitaban entender esta parte del proceso de recuperación de Sally. Cuando intentaba mantener el contacto visual, se estresaba y se cerraba. Es importante dar permiso para que una persona te mire y deje de mirarte según lo necesite en lugar de forzar el contacto visual, especialmente cuando domina la vergüenza. Aunque la mirada de Jim transmitía amor y apoyo, a Sally le resultaba abrumador intentar mantenerla. Les sugerí que, en lugar de centrarse en el contacto visual, intentaran abrazarse. Cuando damos un abrazo, normalmente no hay contacto visual con la otra persona; es una forma agradable de sentirse seguro y físicamente conectado. Esto funcionó mucho mejor en el caso de Sally como punto de partida para una conexión más relajada en su viaje de vuelta hacia el apego seguro con Jim.

Si el contacto visual te resulta difícil, asegúrate de practicar la compasión hacia ti mismo y de tener paciencia. Si quieres intentar conectar más de esta forma, no conviertas la práctica en un concurso de mantenimiento de la mirada sin más. Puedes apartar la mirada y realizar descansos. Es natural mirar a otras personas y ocasionalmente apartar la mirada; nos ayuda a regularnos y orientarnos. Por tanto, si quieres realizar prácticas reparadoras como la del siguiente ejercicio, tómate tu tiempo. La idea no es hacer las cosas más difíciles y aprender a soportar la incomodidad, sino abrir una puerta que te permita acceder a todas las bendiciones del apego seguro. En otras palabras, la idea es que, poco a poco, esto se convierta en una experiencia exclusivamente positiva para ti.

EJERCICIO Mirada amable

Según lo que te provoque, siéntete libre de realizar esta práctica solo durante un corto periodo o durante todo el tiempo que te resulte agradable y reconfortante. Empieza por sentarte, relajar todo el cuerpo y respirar profundamente un par de veces. Mantén los ojos abiertos o cerrados, lo que te resulte más fácil. Ahora, imagínate mirando al mundo y recibiendo miradas amables. Puede que las miradas procedan de tu amante, tu abuela, tus hijos, tu perro o incluso el dalái lama o el papa Francisco. Elige a alguien que te pueda ofrecer una mirada amable sin esfuerzo, aunque se trate de alguien imaginario. Si tienes problemas para visualizar miradas amables de esta forma, reúne fotografías de personas conocidas o de otras personas (incluso desconocidos) que tengan esa mirada encendida. Míralas a los ojos y siente su aceptación y su cariño sin límites tanto como puedas soportar de forma cómoda. Uno de mis clientes, Ted, creó un álbum de fotos en su teléfono con todas las personas que ama. Ted lo llama su «burbuja de conexión» y mira estas fotos siempre que necesita sentirse menos solo o más respaldado.

Ahora, simplemente observa cómo te sientes al recibir este tipo de mirada. ¿Qué ocurre en tu cuerpo cuando ves estos ojos

amables devolviéndote la mirada? Sentir este tipo de amabilidad o apertura es el primer paso y, a veces, puede resultar
bastante complicado. Recibe toda la bondad y la compasión
que te sea posible. Absorbe la dulzura con tus ojos. ¿Cómo
sientes los ojos en este momento? ¿Se relajan los músculos
oculares? Si sientes más tensión, también está bien; solo imagina que los ojos se relajan de nuevo en sus cuencas, muy
suavemente, como si estuvieran en una hamaca o una almohada. ¿Qué sientes en los hombros y el cuello? Recorre distintas partes del cuerpo para ver cómo las sientes. Limítate a
comprobarlo con ternura. No podemos predecir si se produci-
rá alivio en primer lugar o si aparecerán residuos de las viejas
heridas. Tómate el tiempo de experimentar tus sentimientos y
reacciones, sin importar la dirección en que te lleve el ejercicio, y siéntete libre de volver a realizarlo con el apoyo de otras
personas en cualquier momento.

Autorregulación y la importancia de las transiciones

Las personas evitativas están acostumbradas a estar solas y extremadamente inmersas en su propia experiencia interna. Por este
motivo, interactuar con los demás puede resultar difícil a veces. Si
te acercas a alguien con la adaptación evitativa mientras sigue in-
merso en su exploración interna, puede que responda de forma un
poco brusca o seca, y puede parecerte que esa brusquedad no tiene
razón de ser. Te aseguro que no es así.

Una vez más, sé que puede resultar difícil, pero haz todo lo
posible por no tomarte este tipo de respuesta de forma demasiado
personal. Podría ayudarte un poco pensar en lo difícil que es para
los evitativos regresar de una experiencia solitaria (una experiencia

que no implica a nadie más). Es normal sentirse rechazado cuando alguien con la adaptación evitativa nos responde de forma desdeñosa, pero también podemos recordar que su respuesta cortante forma parte de la manera en que se ajusta para volver a conectar con otras personas.

Los evitativos realmente desean establecer conexión, pero necesitan más tiempo de transición para aliviar la presión y allanar el camino a fin de encontrar una vía más fluida para conectar. Si tu pareja es evitativa, te sugiero que le des ese espacio. Por ejemplo, podrías decir algo como: «Me encantaría que fuéramos a cenar y conectar contigo dentro de una media hora. ¿Cuánto tardarías en prepararte para salir y disfrutar de una noche agradable juntos?». Esta es una forma práctica de mostrar respeto hacia la otra persona y darle la oportunidad que necesita de realizar el cambio necesario. Se parece un poco al buceo. Cuando estás a cien metros por debajo de la superficie, tienes que ascender lentamente si no quieres sufrir la enfermedad del buzo (síndrome de descompresión). Los evitativos necesitan tomarse su tiempo para descomprimir el estrés que sienten al estar acompañados o, de lo contrario, todo se descontrola. Esto no tiene nada de malo; simplemente, es así.

Pasar de la atención interna intensa a una atención más orientada a las relaciones resulta difícil y, si eres una persona evitativa, te ayudará recordar que necesitas tiempo para pasar de un estado al otro. Puede que tengas que practicar el hecho de respirar hondo y desafiarte a acercarte a tu pareja o a otras personas; toma más la iniciativa para buscar un acercamiento. Invita a tus seres queridos a tener conversaciones y actividades conjuntas, aunque sea durante periodos cortos al principio. Puede que necesites tiempo para adaptarte en un primer momento, así que no olvides pedirlo; por ejemplo: «Tengo muchas ganas de verte y puedo estar listo en veinte minutos», «Voy a pensarme lo de ir a la fiesta y te diré algo el miércoles» o «Iré contigo a la fiesta, pero necesito que me dejes jugar al billar con los chicos un rato o irme pronto si me hace falta».

Problemas para reconocer las necesidades personales

Los individuos evitativos no suelen reconocer las dificultades particulares de su crianza o reflexionar sobre ellas. Normalmente, están más centrados en el futuro y, cuando hablan del pasado, pueden parecer vagos o restar importancia a sus problemas personales. A menudo parece que no son conscientes de la desatención que sufrieron o del hecho de que sus necesidades emocionales quedaban insatisfechas de forma sistemática cuando eran pequeños. En cierto sentido, están desconectados de su pasado. También puede que tengan una visión positiva de su niñez; por ejemplo: «Tuve todo lo necesario, no se puede pedir más». Parte del reto para las personas con la adaptación evitativa que están interesadas en recobrar la sensación de apego seguro es sacar a la superficie esos deseos originales de conexión que quedaron insatisfechos. Y, por supuesto, queremos que se trate de una experiencia positiva para ellas.

Recuerda esto si eres la pareja de un evitativo y haz todo lo posible para no añadir más críticas o rechazos a su ya de por sí conflictiva relación con la conexión personal.

A veces, una persona evitativa que no tuvo sus necesidades satisfechas en la niñez puede no dar importancia a sus propias necesidades en la edad adulta. Incluso puede que no sea consciente de ellas, especialmente si no es propensa a la introspección. Tuvo que enfrentarse a la angustia de forma continuada por su cuenta a una edad inapropiada, lo que puede que provocara la inhibición de algunas respuestas naturales de adulto. Incluso si estos individuos son conscientes de sus necesidades personales, pueden tener tendencia a rechazar los intentos de sus seres queridos de ayudarlos y protegerlos. Si no aceptan la ayuda de los demás (porque piensan que no necesitan nada de ellos o que no los ayudarán de la forma que requieren), no reciben su apoyo y, además, los privan de su sincera necesidad de expresar generosidad hacia ellos. En cualquier caso, se reducen las oportunidades de conectar y tener un intercambio auténtico.

Si esto te resulta familiar, practica el pedir ayuda y apoyo a otra persona como experimento. Aunque su respuesta no sea perfecta, observa cómo te sientes cuando permites que alguien te cuide y te brinde apoyo. Esto es beneficioso para ambos, y experimentar esa reciprocidad es un paso importante hacia el apego seguro.

Es posible que los individuos evitativos lleguen a estar tan identificados con la autosuficiencia que les resulte difícil comprender por qué los otros no actúan de la misma manera. Su dependencia puede confundirlos, llevarlos a sospechar un poco de sus intenciones o incluso pueden sentirse superiores porque creen que aquellos dependen demasiado de los demás. Piensan que si ellos salen adelante por su cuenta, ¿por qué no va a poder el resto de la gente? Por este motivo, si somos evitativos, podemos tener dificultades para expresar empatía, así como para reconocer y respetar las verdaderas necesidades de nuestra pareja o nuestros hijos, y podemos verlos como demasiado dependientes o incluso como una carga, cuando simplemente expresan sus necesidades naturales.

Si somos evitativos, tendemos a identificarnos con algunos de los aspectos que más se ensalzan en nuestra cultura, por ejemplo independencia, iniciativa propia y autonomía. Puede que estas sean cualidades admirables en el contexto apropiado, pero, en realidad, todos somos interdependientes con respecto a los demás, y este hecho resulta claramente evidente en lo referente a las relaciones. La interdependencia implica que podemos cuidarnos a nosotros mismos con la ayuda de otras personas, y los demás pueden alcanzar una autonomía interconectada con nuestra participación y apoyo. Para explorarnos de verdad a nosotros mismos, nos necesitamos mutuamente; para estar juntos de una manera profunda, necesitamos cuidarnos a nosotros mismos. La terapeuta de parejas y escritora Marion Solomon habla sobre la «dependencia positiva».[3] La dependencia tiene mala fama, como si fuera una palabra despectiva, pero puede resultar generadora, conectiva y sana. Es importante que aprendamos a satisfacer nuestras propias necesidades, evidentemente, pero también necesitamos recibir apoyo de los demás y ofrecernos a satisfacer las suyas. Esto hace que las relaciones sean valiosas y gratificantes.

Orientación hacia el hemisferio izquierdo

Los niños que crecen sin mucho apoyo, presencia, conciencia emocional o conexión con otras personas pueden terminar estando más orientados hacia el hemisferio izquierdo del cerebro. Esto significa que son más objetivos, analíticos y lógicos. Este tipo de orientación es extremadamente valiosa, y hay muchas habilidades interpersonales importantes relacionadas con esta parte del cerebro.

Sin embargo, lo que solemos asociar con el hiperdesarrollo del hemisferio izquierdo es una falta de calidez o profundidad emocional, lo cual puede implicar una falta de contribución del hemisferio derecho. Estos individuos también pueden estar un poco desconectados de su naturaleza intuitiva e interpersonal, es decir, que a veces pueden perderse o malinterpretar mensajes y señales sociales importantes, incluso hasta el punto de atribuir motivos falsos a otras personas. Aquellos en los que predomina el hemisferio izquierdo se centran en un conjunto concreto de hechos. Debido a la forma en que su cerebro procesó las experiencias tempranas, los evitativos a veces no son capaces de conectar con los primeros recuerdos y, cuando hablan de su niñez, pueden recordar hechos impersonales tales como a qué jardín de infancia fueron, exactamente dónde se sentaban en clase y cómo se llamaba su profesora, pero quizá no tengan muy claro cómo se sentían en términos físicos o emocionales. Estos recuerdos pueden ser muy vívidos, pero también pueden resultar impersonales porque no conllevan mucho contenido emocional. Esta es solo una de las formas en que puede revelarse un hemisferio izquierdo hiperdesarrollado (o un hemisferio derecho subdesarrollado). El hemisferio derecho es mucho más emocional e intuitivo, y está mucho más centrado en las relaciones y orientado al apego. Nuestro objetivo aquí no es subestimar los dones relacionados con la orientación hacia el hemisferio izquierdo, sino intentar equilibrar las cosas de una manera que no fue posible durante la niñez del evitativo.

Tendencia a la acción

Como mencioné antes, las personas con la adaptación evitativa revelan mucho de sí mismas en la forma en que hablan sobre su pasado. Puede que no sean comunicativas o descriptivas, y puede parecer que tienes que sacarles las palabras de la boca para obtener una idea de cómo fue su niñez. Parte del motivo de esto es que normalmente no tenían personas alrededor en su niñez para alimentar su capacidad y disposición para comunicarse. Los evitativos pueden ser extremadamente concisos y objetivos, y normalmente usan menos palabras y con menos matices o riqueza emocional. En el proceso, puede que no proporcionen suficiente información para que otros comprendan totalmente lo que intentan comunicar.

Por otra parte, los evitativos pueden tener problemas para entender el valor que otras personas extraen de comunicarse con lo que ellos consideran un exceso de palabras y normalmente se impacientan cuando otros cuentan historias personales, especialmente si se sienten abrumados por un exceso de descripciones y detalles. Si te identificas con esto, prueba a compartir más historias personales propias con algunos detalles adicionales y observa si puedes encontrar matices emocionales. Escucha con más atención, presencia y paciencia cuando los demás compartan sus experiencias. Esto puede resultar antinatural, casi como aprender un nuevo idioma. Sin embargo, la recompensa merece la pena, ya que compartir de esta manera es una de las bases de las relaciones satisfactorias.

Si estás en una relación con una persona con tendencia a ser evitativa, puede que te venga bien practicar ser más conciso cuando le cuentas algo para que no se pierda con tanta locuacidad. Le resulta difícil procesar e integrar lo que para ella supone una sobredosis de información. Los buenos narradores sazonan sus historias con mucha emoción y matices, y con suficiente información como para que los que escuchan sigan el hilo con facilidad y se mantengan interesados sin excederse con los detalles.

En lugar de identificarse con la comunicación detallada y el procesamiento verbal, los evitativos suelen estar mucho más orientados hacia el trabajo y centrados en las tareas. De nuevo, esto tiene grandes ventajas.

Los evitativos suelen ser eficientes y productivos; de entre todas las personas, son las que mejor mantienen la atención en los proyectos de trabajo. Son expertas en asumir proyectos de forma individual y pueden sentir que estar en un equipo las limita, ya que consideran que el procesamiento relacional o la toma de decisiones conjunta son frustrantes o innecesarios. Dicho esto, los emprendedores contribuyen de forma excepcional a la sociedad y a nuestras vidas personales. No obstante, si estás en una relación con un individuo evitativo que siempre pone su trabajo o su carrera en primer lugar, puede resultar doloroso o parecer negligente. Con demasiada frecuencia, tus necesidades no se reconocen y no se satisfacen. Cuando el trabajo acapara la mayor parte de la atención, las relaciones pasan a un segundo plano, y lo que buscamos es una relación más equilibrada entre ambos.

A medida que avanzamos hacia el apego seguro, valoramos más las relaciones, lo que significa que les dedicamos más tiempo, energía y presencia. No es que dejemos de trabajar o de hacer todas las tareas que consideramos necesarias, sino que dedicamos un poco más de atención a las relaciones que pueden hacer que la vida resulte agradable y gratificante.

Inhibición de gestos

Como mencioné anteriormente, los evitativos pueden tender a la disociación, y esta propensión a veces puede manifestarse de formas físicas. Si la conexión física resultaba normalmente decepcionante o su ausencia era dolorosa cuando éramos pequeños, podemos crecer con una inhibición de los gestos físicos diseñados para fomentar la conexión personal (tender los brazos para abrazar, acercarse para buscar apoyo, usar un gesto para pedir que alguien se acerque o enviar una invitación para conectar a través de la mirada) o para responder a ellos. Incluso puede resultar difícil saludar a los demás o darles la bienvenida cuando se acercan a nosotros. Practica el hecho de aproximarte a otras personas con más frecuencia y dar la bienvenida cuando se acerquen a ti.

Una vez trabajé con una mujer, Sandra, que había sufrido un trauma significativo durante su nacimiento. Su madre tuvo una cesárea complicada y los muchos procedimientos posoperatorios la mantuvieron lejos de ella durante un periodo prolongado. Lamentablemente, su madre experimentó una depresión posparto extrema y murió cuando Sandra solo tenía un año y medio de edad. El padre tuvo un duelo muy intenso que se manifestó en incluso menos conexión física para ella. Básicamente, perdió a ambos progenitores de forma temprana. No tenía nadie con quien conectar o intimar, y creció en un vacío relacional.

Trabajé con Sandra en terapia de grupo. Descubrimos que había perdido gran parte de la sensación de su propio cuerpo de cintura para arriba. A medida que fue procesando el dolor por la pérdida de su madre a tan corta edad, empezó a sentir más presencia en el torso. Con la ayuda de un grupo de compañeros afectuosos y compasivos, pudo sentir físicamente la ausencia de su madre y su padre como si le sacaran el corazón del pecho. Posteriormente, también pudo conectar con los momentos en que su padre estaba presente y la apoyaba. Al sumergirse en estas experiencias, su cuerpo comenzó a inclinarse hacia un lado. Estaba tan inclinada en la silla que pensé que podría caerse. Sandra dijo: «Esto está empezando a ser doloroso. No sé por qué, pero mi cuerpo quiere hacer esto». Rechazó la ayuda de sus compañeros de grupo (recuerda que las personas evitativas tienen dificultades para pedir ayuda). Intentaba mantener la cabeza erguida, pero estaba tan inclinada que resultaba demasiado doloroso para soportarlo. Finalmente, tuvo una revelación crucial sobre lo que estaba ocurriendo. «Ah —dijo—, estoy tratando de hacer esto sola. Estoy intentando hacerlo por mi cuenta».

Con ayuda, Sandra pudo invitar a alguien (una de las hábiles terapeutas corporales del grupo) a asistirla. Esta persona se le acercó, Sandra se apoyó en ella y todo su cuerpo se relajó. Básicamente, se dejó caer sobre esta otra persona como un niño sobre el hombro de un progenitor afectuoso. Esto continuó durante un rato y Sandra asimiló el apoyo. Fue como ver una restauración física del apego seguro en directo, y fue precioso.

Esta vuelta a su cuerpo continuó de algunas otras maneras. Anteriormente, las manos de Sandra estaban abiertas, con los dedos tensos y agarrotados de una forma incómoda que indica estrés intrauterino. Ahora, sus manos tenían otro aspecto, más relajadas

y naturales, y uno de sus brazos estaba levantado como si acaricia-
ra el aire. No era un gesto habitual para Sandra, y ella sentía que
el brazo lo hacía por su cuenta. Pero, a medida que siguió explo-
rando el movimiento, lo identificó como una especie de búsqueda
de contacto. «No me parece extraño ni inútil —afirmó—. Estoy intentando contactar, y parece como si hubiera alguien ahí». Estaba
en comunicación directa con el sistema de apego seguro. Aunque
experimentara tanto vacío y ausencia física de pequeña, ahora podía conectar con algo directo, poderoso y alentador. Era una experiencia fisiológica completamente nueva para ella. Su sistema
nervioso se estaba adaptando de nuevo, alejándose de la evitación
y acercándose al apego seguro, que había estado ahí todo el tiempo.

El trabajo sobre el apego que realizo con otras personas puede
ser increíblemente poderoso y misterioso, como en este caso. Todos tenemos estas capacidades y, a menudo, estamos mucho más
preparados para acogerlas de lo que pensamos. Solo tenemos que
encontrar la forma de permitir que el apego seguro surja, se man-
tenga y se exprese. Para este proceso, resulta fundamental estar en
un entorno en el que podamos disfrutar de una mejor respuesta
que la que vivimos de niños. Cuando esto ocurre, tenemos la oportunidad de experimentar las experiencias reparadoras que nos hacen estar más familiarizados e identificados con el apego seguro.

Cuando salimos al mundo desde una perspectiva evitativa,
puede parecer que nunca llegamos a aterrizar o que estamos con
un pie en el planeta y otro fuera. Las complicaciones a las que nos
enfrentamos al principio, sean las que sean, dificultan el hecho de
convertirnos en un ser humano totalmente encarnado y comprometido con la experiencia de estar aquí. Muchos de nosotros pade-
cemos heridas de aislamiento, como Sandra, y el siguiente ejercicio
de tres partes tiene como objetivo contrarrestar esa sensación de
desinterés impersonal. Esta práctica te ayudará a experimentar la

posibilidad de sentirte bienvenido y agasajado desde el principio de tu vida.

EJERCICIO Bienvenido al mundo

Primera parte: la situación ideal

Te invito a imaginar la situación ideal para tu llegada a esta vida. A través de la visualización, mediante dibujos o fotografías, crea la mejor experiencia de nacimiento posible que puedas imaginarte. Puede que incluya música, la habitación perfecta, escenas de tus padres felices haciendo planes para tu llegada, flores, cascadas..., cualquier cosa. Dedica un tiempo a imaginarlo todo con detalle. Déjate llevar y sumérgete profundamente en esta experiencia de ser bienvenido al mundo de una forma que te resulte acogedora, estimulante y especial. A algunos de mis clientes les habría gustado ser acogidos por unas manos cálidas y amorosas, o llegar en un campo lleno de flores rodeados por sus caballos, que los acariciaban suavemente con los hocicos. Otros querían que su madre los abrazara piel con piel o que todos sus familiares les cantaran nanas, dándoles la bienvenida a la familia.

Escribe lo que veas y experimentes sobre tu llegada ideal o compártelo con un amigo o alguien a quien quieras. Siente cómo las sensaciones, las emociones, los pensamientos y los significados se van abriendo o van cambiando.

Segunda parte: tu cariñosa comunidad

¿Qué personas están allí para darte la bienvenida? Incluye a todos aquellos que hayan realizado una contribución positiva a tu vida en cualquier etapa. Puede que estén tu madre,

tu padre, tus hermanos, tu abuela favorita o algún bondado-
so ancestro lejano; también podrías incluir a tu niñera o a tu
mejor amiga de preescolar. Podría ser tu profesor preferido
cuando eras niño, tu guía espiritual, una mascota muy queri-
da o tu primer amor en el instituto. Quizá sea tu pareja actual
o tu círculo de amigos más cercanos. Reúne a estas personas
a tu alrededor en el entorno que creaste en la primera parte.
Permite que vayan apareciendo tantas personas como quieras y visualiza cómo te dan la bienvenida a tu llegada a este
mundo. Míralos a todos. Deja que se vayan presentando. Establece contacto con cada uno de ellos, míralos a la cara y
siente la calidez y la conexión. No te preocupes por las líneas
temporales en este momento; solo reúne a tu comunidad de
apoyo y disfruta de la experiencia.

Aunque nacieras en circunstancias terribles, utiliza este ejercicio para ver que hay luz al final del túnel. A pesar de lo complicado de tus comienzos, habrá personas en el futuro que
te aportarán grandes dosis de apoyo y amor incondicional.
Puede que el hecho de saber que llegará gente que querrá
conectar contigo, darte la bienvenida y empoderarte te ayude a aliviar parte del dolor y el sufrimiento tempranos. Recibe toda la atención cariñosa que puedas. Escribe sobre esta
comunidad o crea un álbum de fotos al que puedas recurrir
con facilidad (ya sea físico o digital) para tener acceso a estas
personas siempre que quieras. Considéralo tu álbum personal
de aliados o tu propia burbuja de conexión.

Tercera parte: honrar tu don

En esta versión perfecta de tu nacimiento, rodeado por estas
maravillosas personas, piensa en lo que tú traes al mundo.

¿Cuál es tu contribución a la humanidad? ¿Cuál es tu talento especial? ¿Qué es lo que aportas a esta comunidad de almas que nadie más puede ofrecer? Sea lo que sea, imagina que las personas de tu círculo amoroso reconocen y celebran tu talento, don o contribución especial. Comprenden de inmediato qué es lo que puedes ofrecer; lo reciben con las manos abiertas y te apoyan con todo su corazón.

Dan la bienvenida a tu don y lo agradecen. ¿Cómo es verte reconocido perfectamente por tu esencia y lo que puedes ofrecer? ¿Qué sensaciones y sentimientos tienes al imaginar este reconocimiento y esta sintonía?

Puede que prefieras realizar una parte de este ejercicio en una sesión y luego retomarlo en otro momento. También es muy recomendable repetir estas prácticas si puedes. Tómate todo el tiempo necesario en cada parte. Si el ejercicio se hace demasiado intenso o difícil en cualquier momento, haz un descanso para reponerte. Cuando te sientas preparado para volver al ejercicio, no tengas reparos en regresar a las partes en las que prefieras recrearte. Presta atención a lo que ocurre en la esfera emocional y física cuando lo hagas. ¿Qué tipo de pensamientos aparecen? ¿Qué notas? Para muchas personas, este ejercicio puede resultar tremendamente reparador. Como mínimo, espero que obtengas una pequeña idea de cómo es sentirse reconocido, bienvenido y querido realmente. Busca ayuda u orientación por parte de amigos, tu pareja o un terapeuta en quien confíes si así lo deseas.

DESIERTO U OASIS

Me gustaría terminar este capítulo con una historia sobre un documental que vi hace algunos años. Trataba sobre un desierto en el que solo llueve una vez cada siete años. Entre estas infrecuentes lluvias, el desierto pasa por periodos de sequía extrema. La tierra se va secando cada vez más, se agrieta y se fragmenta por todas partes, igual que el cemento con el paso del tiempo. Poco a poco, los animales que viven en este desierto se van o mueren, y las plantas se secan y se descomponen. Tras algunos años, parece que no hay forma alguna de que nada pueda sobrevivir más de un par de días allí; el paisaje es completamente seco y árido.

Finalmente, la lluvia vuelve. Al principio, el agua flota sobre la tierra seca; sin embargo, después de un tiempo, empieza a penetrar. Sorprendentemente, diminutos brotes verdes comienzan a aparecer en la tierra cada vez más blanda porque, al parecer, quedaban semillas inactivas todo el tiempo. Los brotes se nutren del agua de lluvia, crecen en tamaño y en número; antes de que te des cuenta, todo el desierto se cubre de verdor. Entonces, poco a poco, aparecen pequeños riachuelos por doquier, seguidos de arroyos más caudalosos. La vegetación se hace más exuberante y empiezan a aparecer flores y arbustos. Al poco tiempo, este lugar tan estéril y sin vida se convierte en un oasis fértil. Ahora hay semillas y frutas, los pájaros vuelan desde todos los confines de la región y otros animales también vuelven a vivir allí. Es un jardín frondoso y floreciente, un paraíso de vida en todas sus formas.

Espero que la analogía resulte evidente. Somos como ese desierto seco y sediento. Cuando el entorno es el apropiado, todos los ingredientes naturales que necesitamos para la vida y la vitalidad salen a la superficie y florecen, y absorbemos la vivificante lluvia y disfrutamos de ella. Independientemente de quién seas o por lo que hayas pasado, tu riqueza, tu plenitud y tu capacidad para la conexión y las relaciones están ahí. Y, en cuanto encuentras la situación adecuada y te abres a ella, tu inclinación hacia la intimidad y el amor auténtico florece. ¡Tu corazón está intacto! ¡Tu esencia está viva!

Si te identificas con el apego evitativo y deseas enfrentarte a algunas de tus dificultades particulares en adelante, te animo a revisitar los ejercicios incluidos en este capítulo. Puede que te resulten difíciles, pero te prometo que las recompensas (mayor empatía, mejores interacciones sociales, mejores adaptaciones al estrés, más conexión e intimidad, aumento de la conciencia somática, etc.) realmente valen la pena.

PREGUNTAS PARA EVALUAR EL APEGO EVITATIVO

- ¿Te resultan difíciles las relaciones cercanas?
- ¿La cercanía hace que después crees distancia?
- ¿Te resulta complicado relajarte con tu pareja en las relaciones íntimas?
- ¿Te sientes inexplicablemente estresado cuando la gente se te acerca físicamente?
- ¿Te resulta difícil acercarte a otras personas y pedir ayuda?
- ¿Tienes problemas para saber o pedir lo que necesitas?
- ¿Te es difícil mantener el contacto visual?
- ¿Prefieres trabajar solo en lugar de con otras personas?
- ¿Te gusta más estar con otras personas o realizar actividades individuales?
- ¿A menudo juzgas a otros por no ser más autosuficientes?
- ¿Las personas emocionales, efusivas o dramáticas te resultan molestas?

- ¿Te resulta más fácil pensar en cosas que son importantes para ti o expresar cómo te sientes acerca de estas cosas a otras personas?
- Cuando perdiste una relación importante en el pasado, ¿sentiste una ola inicial de alivio o felicidad? ¿Esa ola estuvo seguida por sentimientos diametralmente opuestos como depresión o desesperación?
- ¿Prefieres las relaciones con animales u objetos a las relaciones con personas?
- ¿Qué importancia tienen tu carrera y tu vida profesional en comparación con tus relaciones personales?
- ¿Te sientes más disponible y conectado con tus ex después de terminar la relación, cuando la presión desaparece?
- ¿Sientes que hay alguien perfecto ahí fuera a quien no has conocido aún y que es más fácil perseguir ese vínculo imaginario que disfrutar y comprometerte con la persona con la que realmente estás?

3

APEGO AMBIVALENTE

En *Attached: Create Your Perfect Relationship with the Help of the Three Attachment Styles* [Maneras de amar: crea tu relación perfecta con la ayuda de los tres estilos de apego], Amir Levine y Rachel Heller hablan de una joven pareja: Georgia, con un estilo de apego ambivalente-ansioso, y Henry, con apego evitativo.[1] Estaban en mitad de una riña sobre un asunto recurrente en su matrimonio cuando los autores los entrevistaron. Henry se sentía juzgado y abrumado por las demandas incesantes de Georgia; Georgia sentía que la mayor parte del peso de la relación recaía sobre ella. Se sentía sola porque Henry nunca tenía tiempo para ella durante la jornada laboral y raramente respondía a sus mensajes. Cuando comprendieron mutuamente sus paradigmas de apego, Henry se dio cuenta de que, al ignorar los intentos de Georgia de ponerse en contacto con él, ser abrupto cuando lo llamaba o ridiculizar sus necesidades, le estaba haciendo daño a ella y a su relación. Georgia se dio cuenta de que, al quejarse y ser exigente, estaba haciendo que Henry se apartara de ella, cuando lo que quería era estar más cerca de él. También llegó a entender que Henry pensaba en ella a menudo durante el día, pero su apretada agenda hacía que le resultara muy difícil permanecer en contacto. Juntos, encontraron una solución ideal: crearon un mensaje con un texto predefinido de tipo «estoy pensando en ti» que Henry podía enviar a Georgia de forma rápida y fácil siempre que pensaba en ella. Esto redujo la ansiedad y la preocupación sobre la relación de Georgia, y Henry se liberó del resentimiento que le provocaba lo que él consideraba algo irritante y que interrumpía su trabajo. Ahora, en lugar de discutir, podían encontrarse tras el trabajo sin tensión ni hostilidad y disfrutar del tiempo que pasaban juntos.

LA FUNCIÓN DE LA PERMANENCIA DE LOS OBJETOS Y LA CONSTANCIA DE LOS OBJETOS

Una forma de llegar al núcleo del apego ambivalente es comprender los conceptos de permanencia de los objetos y constancia de los objetos, y cómo estas se pueden ver perturbadas cuando somos muy jóvenes. Hasta la edad de dieciocho meses más o menos, no tenemos mucho sentido de la permanencia de los objetos, lo que significa que cuando una persona abandona la habitación, desde la perspectiva de un bebé podría haberse desmaterializado. Esa persona —el objeto en cuestión— simplemente se ha desvanecido. Pero, según vamos creciendo y desarrollamos la permanencia de los objetos, podemos crear una imagen o una sensación de esa persona cuando no está físicamente presente. Por tanto, cuando nuestra madre se va a la cocina, tenemos la sensación de que sigue existiendo de una forma tangible y tenemos cierta confianza en que acabará por volver. Y, aproximadamente de forma simultánea en nuestro desarrollo, empezamos a adquirir la sensación de constancia de los objetos. Esto significa que cuando nuestra madre regresa de la cocina, entendemos que básicamente es la misma persona que se fue hace un par de minutos. El objeto en cuestión no ha sido reemplazado por otro. Nuestra capacidad para detectar la permanencia y la constancia de los objetos nos permite desarrollar un sentido de continuidad con nuestras figuras de apego primarias a lo largo del tiempo. Resulta un tanto difícil desarrollar vínculos con las personas que carecen de estas habilidades.

El hecho de experimentar un cuidado impredecible o informal puede impedirnos establecer la permanencia y la constancia de los objetos. De niños, cuando no sabemos quién va a aparecer o si se van a satisfacer nuestras necesidades, crecemos con un tipo particular de ansiedad. La experiencia de apego inconstante nos hace sentirnos recelosos e inseguros. Es importante resaltar que muchas de las personas que presentan apego ambivalente en realidad recibieron mucho amor y tuvieron interacciones de alta calidad con sus padres, pero la relación con ellos estuvo marcada por la imprevisibilidad y la irregularidad. Puede que todo fuera de forma aceptable o incluso bien durante un tiempo, pero no era seguro que permaneciera así, o bien de niños nunca sabían cómo iban a ir las cosas. Puede que obtuvieran lo que necesitaban o puede que no. Era como lanzar una moneda al aire o jugar a las tragaperras: a veces los intentos de conectar tenían como resultado presencia y amor, pero no de forma fiable. Por tanto, los niños que reciben este tipo de cuidado crecen con mucho estrés asociado.

Como he mencionado anteriormente, los padres con heridas de apego no resueltas tienden a transmitir dichas heridas a los hijos, y puede que este sea el caso con el apego ambivalente. Como cualquier padre o madre te dirá, la paternidad presenta incontables oportunidades para activar viejos patrones y heridas, la mayor parte del tiempo a un nivel inconsciente. En la práctica, la herida del progenitor se convierte en la herida del niño. Por eso resulta tan útil que los que tenemos heridas relacionadas con la constancia experimentemos más refuerzo sobre el compromiso, la permanencia

y la fiabilidad en nuestras relaciones. Esa es precisamente la finalidad de este capítulo (en particular, de los ejercicios que encontrarás en él).

Algunos otros factores relacionales que generan inseguridad
para los que tienen apego ambivalente son los siguientes:

Corregulación insuficiente. Como recordarás del primer capítulo, los niños que crecen con apego seguro suelen tener padres
que les permiten fluir a través de diversos estados emocionales mientras están presentes y se muestran comprensivos.
Las personas con apego ambivalente no recibieron este tipo
de cuidado predecible, lo que significa que no lograron una
modulación afectiva (es decir, la capacidad para explorar el
terreno emocional interno) con la presencia o la receptividad constante de sus padres. Esto explica por qué los ambivalentes confían en tanta medida en los demás para regular sus
sentimientos. Como nunca recibieron una regulación interactiva constante o fiable de sus padres, no han desarrollado
la suficiente autorregulación para, con el tiempo, llegar a una
corregulación correcta, por lo que recurren a los demás con
el fin de satisfacer la necesidad primaria. Sin embargo, a veces
rechazan la ayuda, ya que tener lo que desean o necesitan puede calmar su llamada de atención, pero esa misma satisfacción
amenaza la supervivencia del ambivalente, ya que lo siguiente
que esperan es el abandono.

Regulación interrumpida. Además de los factores mencionados
anteriormente, el apego ambivalente se ha vinculado con la
regulación interrumpida por parte de los cuidadores principales.
La regulación interrumpida se produce cuando un niño intenta relajarse y calmarse por sí solo durante un momento de

atención de alta calidad y amor por parte del progenitor, pero este interrumpe la experiencia de forma abrupta sin previo aviso. En otras palabras, el niño se ha relajado en la relación para regularse o recibir cuidado, conexión y amor, y el progenitor hace lo que más pone en peligro la capacidad del niño para lograrlo. Esta tendencia suele indicar la preocupación del progenitor por sus propias heridas de apego, es decir, una herida recibida de sus propios padres que se transmite con facilidad al hijo. Comprensiblemente, este tipo de intercambio puede perturbar a un niño y fomentar la ansiedad relacional. Cuando los adultos transmiten este apego ambivalente, se denomina apego angustiado.

Sobreestimulación. Cuando los niños están aprendiendo a regularse por sí mismos, suelen requerir mucho espacio para encontrar su propio ritmo y desarrollar límites sanos. Si un progenitor se inmiscuye en este espacio o intenta mantener una conexión constante, puede ser perjudicial para el desarrollo del niño. El programa de ABC *World News Now* presentó el trabajo de la profesora de psicología clínica Beatrice Beebe en una emisión de 2011 que examinaba los patrones entre madres e hijos. Como las madres tienen sus propias motivaciones y necesidades, a menudo ignoran o no notan señales importantes en sus hijos que indican la necesidad de espacio, por ejemplo cuando se cubren la cara con las manos, miran hacia otro lado, etc. Si las madres continúan estimulando a los niños a pesar de estas señales, puede generarse una dinámica de «persecución y huida»: la madre presiona más y el niño persiste en sus intentos de obtener espacio. La madre puede sentir que el niño no la quiere, y el niño sufre de sobreestimulación.[2] Independientemente de la edad, es normal necesitar un descanso del contacto visual o la presencia física tras un periodo de contacto interpersonal intenso para poder autorregularnos.

Cuando aprendemos más sobre las dinámicas de apego —tanto propias como ajenas— y aplicamos ese conocimiento de forma considerada, podemos fomentar el apego seguro en relaciones que quizá anteriormente fueran tensas debido a la ansiedad, la inseguridad o el típico distanciamiento.

CÓMO RECONOCER EL APEGO AMBIVALENTE

Al igual que las personas evitativas suelen asociarse con cualidades bastante complicadas, los adultos con la adaptación ambivalente a veces reciben calificativos despectivos tales como «dependientes», «inseguros», «hipersensibles», «controladores», «exigentes» o «nerviosos». Aquí también quiero ir más allá del lenguaje crítico para analizar más detalladamente lo que pasa con las personas ambivalentes, así como ciertas formas de suavizar algunas de las cosas más difíciles a las que se enfrentan los que viven con esta adaptación. Los ambivalentes realmente desean una relación, así que su sistema de apego está totalmente activado. Necesitan más ayuda para calmar la sobreactivación, pero les resulta un poco más fácil que a los evitativos, que necesitan eliminar las barreras frente a la conexión para revelar el posible deseo de estar en una relación.

Ansiedad por separación

Me gustaría volver al ejemplo de Amir Levine y Rachel Heller un poco estereotipado de la esposa marcadamente ansiosa. Tengamos en cuenta lo diferente que es su experiencia de alguien con el estilo de apego evitativo. Los evitativos habitualmente experimentan *ansiedad por acercamiento*. Incluso con las personas a las que aman, pueden sentir ansiedad cuando se acercan físicamente, probablemente debido a que sus cuidadores principales les hacían daño o simplemente porque los dejaban mucho tiempo solos de pequeños. Como resultado, los individuos con apego evitativo a veces pueden parecer fríos, aislados, distantes e incluso huraños. Ocurre lo contrario con los que tienen un estilo de apego ambivalente. Pueden sentir ansiedad cuando sus seres queridos se marchan, aunque sea para algo rutinario como ir a trabajar o al gimnasio. Los ambivalentes tienden a sentirse mal cuando están solos y no tienen cerca a las personas importantes en su vida. Puede que sean altamente funcionales y que estén en contacto con su red de apego seguro cuando otra persona con la que tienen una relación está presente, pero en cuanto esta persona se ausenta, empiezan a desconfiar de la conexión. Tengo una amiga que me ha confesado que siente muchísima ansiedad y una sensación de abandono todas las noches cuando su novio le da la espalda (es decir, se da la vuelta físicamente) para dormir, incluso aunque hayan pasado una cantidad de tiempo significativa conectando y abrazándose antes. Pasa por esta experiencia dolorosa con él de forma regular, independientemente de lo íntimamente conectados que hayan estado unos momentos antes.

Intenta recordar esto si eres la pareja, el progenitor o el hijo de alguien con la adaptación ambivalente. Decir adiós puede resultar extremadamente difícil para los ambivalentes de maneras que es posible que no tengan sentido para ti. Intenta ser lo más sensible que puedas con su ansiedad de transición y trata de ofrecerle palabras de apoyo o consuelo para demostrarle que reconoces sus dificultades. Siempre que tiene que viajar por trabajo, un amigo mío le dice a su hija: «Te llevaré siempre en mi corazón, donde guardo mi amor por ti».

Búsqueda de proximidad e hiperconcentración relacional

Podemos suponer que madres como las del ejemplo de «persecución y huida» de Beatrice Beebe crecieron de una forma que fomentó la ambivalencia. Los niños con un cuidado impredecible pueden con mucha facilidad centrarse demasiado en los demás, especialmente en su cuidador principal, porque viven con el miedo de que el mundo de las relaciones es inestable y errático. Tiene sentido que estos niños quieran mantener un contacto constante y muestren un comportamiento que se suele asociar (con una connotación particularmente negativa) con la dependencia. Este tipo de búsqueda de proximidad es mucho más evidente que en alguien que crece con un apego seguro, lógicamente. Si tus funciones de autorregulación no están bien desarrolladas, constantemente mirarás a otros para calmar tu sistema nervioso sobreactivado y tu sistema de apego hipersensible. Esto es lo que Stan Tatkin denomina «regulación externa».[3] No se trata de una regulación interactiva porque está marcada por una falta de reciprocidad.

Las personas con un alto grado de ambivalencia pueden estar tan centradas en las sutilezas o los matices percibidos de las relaciones a su alrededor que les resulte difícil enfocarse en el trabajo. Incluso pueden tener problemas porque se centran tanto en lo que ocurre emocional o interpersonalmente en el equipo que no consiguen hacer su trabajo. Cuando los ambivalentes están tan sumamente centrados en las relaciones personales y sujetos a las heridas de apego, su creatividad y su curiosidad pueden disminuir, su vida profesional puede verse afectada y su sentido de contribuir a la comunidad o a la sociedad en general puede verse limitado. Además, cuando se centran demasiado en otras personas —en sus acciones (o la ausencia de ellas), su presencia (o la falta de presencia) y su amor (o la ausencia de amor)—, se sumergen tanto en las vicisitudes de los demás que pierden el contacto consigo mismos. El hemisferio derecho asume el mando y se pierde la muy necesaria conexión con la sabiduría del hemisferio izquierdo. A veces, este tipo de hiperconcentración relacional puede llevar a los ambivalentes a dar y dar sin cesar a sus parejas, aparentemente sin que su flexibilidad y su generosidad tengan fin. Lamentablemente, este tipo de generosidad no siempre es auténtica, y las personas con la adaptación ambivalente a veces utilizarán inconscientemente lo que parece ser altruismo de formas manipulativas. Debemos entender esta dinámica de manera compasiva, ya que lo que intentan es estabilizar la relación. Aquí también subyace un regalo. Recordemos que el evitativo está tan centrado en las tareas que se puede confiar en él para que haga el trabajo. En este caso, el ambivalente, aunque a veces sea hipersensible, tiene un sentido muy desarrollado del «otro» y puede solucionar fácilmente enredos emocionales o ayudar a satisfacer las necesidades esenciales.

Cuando no somos capaces de autocalmarnos y no estamos conectados con quienes somos y lo que nos ocurre (es decir, nuestros deseos y necesidades importantes), es natural que continuemos con el ciclo de mirar hacia fuera para conectar con otros y comportarnos de formas orientadas a agradar o complacer. Lamentablemente, este patrón no funciona muy bien. Cuando confiamos en los demás en una medida exagerada, no podemos crear un sentido de conexión deseada sin importar lo que haga la otra persona. Independientemente de lo cariñosos o perfectos que sean, esto nunca nos llevará de vuelta a nosotros. Cuando tenemos un apego ambivalente, perdemos el contacto con nosotros mismos y recurrimos a los demás para volver a recuperarnos, pero acabamos abandonándonos en el proceso. Esto es un dilema significativo para los ambivalentes: confiar en tanto estímulo externo fomenta la sobredependencia continuada, la pérdida de control e incluso más autoabandono.

Como ya he mencionado anteriormente, es importante que aprendamos a autocalmarnos a la vez que nos regulamos con otras personas. Este es uno de mis ejercicios favoritos, en el que se emplean la sabiduría y los dones de nuestro cuerpo para ayudarnos a aprender a regularnos y calmarnos por nuestra cuenta.

EJERCICIO Enraizamiento físico

Cuando movemos las articulaciones con conciencia, aumentamos la conciencia propioceptiva (el sentido interno de cómo está colocado y cómo se mueve el cuerpo). Esta práctica te ayudará a fomentar una mayor conciencia de ti mismo simplemente sintiendo más tu cuerpo. Intenta lo siguiente: busca un lugar relajante donde sentarte, quédate un momento en silencio y empieza a concentrarte en las sensaciones físicas que tienes en los pies. Gira los tobillos un poco y mueve los dedos y el resto de los huesos de los pies. ¿Qué sientes? ¿Cuántas sensaciones puedes identificar y con cuántas puedes conectar mientras lo haces?

Cuando creas que ya tienes cierto sentido de conexión, intenta llevar la atención un poco más arriba en el cuerpo. Gira los tobillos y mueve las rodillas. Gíralas también hacia ambos lados y observa cómo estos movimientos afectan a las caderas. Siente todas las sensaciones que puedas en las rodillas, los muslos y las caderas. Ahora, gira el torso un poco hacia la izquierda y luego hacia la derecha. Observa todas las sensaciones en la columna. Después de hacer esto durante un rato, intenta estirar la columna como si una cuerda tirara de ti hacia el cielo, anclándote a las nubes. Siente las vértebras moverse y nota cómo sostienen tu cabeza. Gira el torso de un lado a otro. Intenta contactar con todas las diferentes partes de la columna y siente cómo las vértebras colaboran para mantenerte erguido. Ahora, lleva la atención a todos los pequeños movimientos del cuello y la parte alta de la columna. Deja que la cabeza gire lentamente de un lado a otro, moviendo los ojos para ver dónde estás en el tiempo y el espacio. Mira a tu alrededor para ver el entorno y escanea tu cuerpo en busca de sensaciones al mismo tiempo.

Esta práctica activa el hipocampo y te permite saber que estás justo aquí y ahora. Como la memoria implícita es tan poderosa, a veces nos resulta fácil perdernos en nuestros sentimientos o sensaciones tempranos cuando algo (normalmente, una relación) activa los patrones de apego temprano. Puede ser algo tan simple como que tu pareja se vaya de viaje y se le olvide decirte que ha llegado bien, lo que hace que te preocupes y tengas ansiedad. Cuando ocurre algo así, enraizar el cuerpo en el momento presente puede ayudarnos.

Vamos a continuar. Deja que los hombros se relajen y siente cómo descienden un poco. Siempre que se activa nuestra respuesta a la amenaza, los hombros empiezan a acercarse a las orejas. Podemos compararlo con llevar los hombros como pendientes. Observa si puedes bajar las escápulas (los omóplatos) y dejar que los hombros descansen. Repite estos pasos tantas veces como sea necesario hasta que tengas los hombros completamente relajados.

Ahora, intenta llevar con suavidad tu atención a los codos y las muñecas mientras los mueves. Estira los brazos hacia delante y hacia arriba, y gíralos en todos los sentidos. Llevar la conciencia a las articulaciones de esta forma fomenta la propiocepción, así como un sentido de encarnación corporal:

mi cuerpo, mi persona. La propiocepción es la capacidad de notar los estímulos surgir dentro del cuerpo en relación con la posición, el movimiento y el equilibrio. Incluso cuando una persona tiene los ojos vendados, sabe a través de la propiocepción si tiene el brazo levantado por encima de la cabeza o colgando al lado del cuerpo. Este ejercicio de mover las articulaciones con la atención puesta en ellas mejora este sentido y, por tanto, aumenta la presencia física. En otras palabras, sientes que este es tu cuerpo, tu morada física, y puedes residir en él.

Puede que este ejercicio te resulte muy relajante. También puedes notar que hay zonas de tensión en el cuerpo aquí y allá que no habías detectado anteriormente. Es normal. Solo las notas más porque estás prestando al cuerpo un tipo nuevo de atención. Siempre que notes tensión, presta un poco más de atención a esa parte del cuerpo e intenta abrir un espacio de relajación más profunda. Tómate todo el tiempo que quieras. Trata de hacerlo de diferentes formas, como empezando por la parte izquierda para luego pasar a la derecha, o bien empezar la práctica con los dedos de los pies, uno por uno. Pueden surgir todo tipo de respuestas físicas y emocionales al realizar este ejercicio, lo cual también está bien. Si aparecen en tu conciencia viejas historias o síntomas físicos, obsérvalos y después haz todo lo posible por permanecer centrado en lo que ocurre en el momento presente. Esto te ayudará a desarrollar la capacidad de realizar una distinción esencial entre el pasado y el presente, así como también a ver con más claridad cómo las circunstancias pasadas influyen en las experiencias actuales.

Hipersensibilidad, llamada de atención y ciclos que se autoperpetúan

Mientras que las personas evitativas tienen un exceso de actividad en el hemisferio izquierdo, las ambivalentes lo tienen en el hemisferio derecho, lo que puede indicar un sistema de apego sobreactivado e hipersensible. Puede que recuerden el pasado con todos sus matices emocionales (especialmente cómo se sentían) mucho mejor que los evitativos, pero con frecuencia lo hacen de forma negativa, obsesionándose y reviviendo heridas y desengaños pasados una y otra vez.

A veces, la hipersensibilidad se manifiesta en reacciones intensas a las expresiones y los matices emocionales de los demás, pasados o presentes, así como en una mayor ansiedad cuando se produce desconexión o falta de sintonía. Los ambivalentes son los más propensos a la proyección, y pueden enfadarse con rapidez ante el menor desprecio, ya sea real o imaginario. Por este motivo, suele existir una marcada ausencia de comodidad y relajación en sus relaciones íntimas. Tanto en el ámbito de la paternidad como del romance, este tipo de hipersensibilidad puede arrebatarles un tiempo de descanso crucial y, de hecho, aumentar la tan temida separación con respecto a los demás. Sin querer, pueden apartar a la persona que más quieren amar.

De alguna manera, es como si la llamada de atención de la persona con apego ambivalente siempre estuviera activada. Pero no se trata de una reacción trivial. No se puede contrarrestar fácilmente con pensamientos positivos porque está estrechamente vinculada a su sentido de supervivencia. Por tanto, hay que intentar desentrañar ese sentido de urgencia y esa propensión a experimentar respuestas a la amenaza perturbadoras, porque sienten que realmente van a perder a esa persona a la que están apegadas, es decir, su figura de apego principal. Los que tienen apego ambivalente también pueden sentirse celosos con facilidad. Pueden experimentar una furia ciega si su pareja interactúa con otra persona de forma coqueta porque están particularmente programados hacia la «protección de la pareja»; tienen miedo de perderla en cualquier momento. La amenaza parece tan real que sienten la necesidad de ser hipervigilantes y malpensados.

Para todos nosotros, una llamada de atención a veces expresa la necesidad de conexión. Pero cuando esa llamada está activada de forma crónica, el ambivalente puede sentir que tiene que exagerar sus sentimientos: si no hace suficiente ruido, ¿lo escuchará alguien? Algunas veces, esto se expresa reclamando atención de forma regular y otras, con un discurso tenso (interacciones muy intensas cargadas de una cantidad excesiva de detalles y difíciles de seguir), verborrea o quejas incesantes. En ocasiones, las personas con la adaptación ambivalente tienen enfermedades crónicas o sufren de infinidad de dolencias: intensifican inconscientemente la llamada de atención a través del cuerpo para lograr la conexión que anhelan, especialmente si eso funcionaba en su niñez. Estas exageraciones son comprensibles si tenemos en cuenta que los ambivalentes a menudo han crecido preguntándose si sus necesidades se van a satisfacer a cada momento. La conexión era irregular y se interrumpía con frecuencia, así que, en lugar de ser relajante, la conexión parental perturba la modulación afectiva y la regulación del sistema nervioso autónomo. Esta situación resulta confusa en esencia y produce ansiedad en un niño; por tanto, es lógico que, de adulto, se produzcan reacciones extremas tan fácilmente. A los ambivalentes les cuesta mucho calmarse, incluso cuando su persona amada regresa.

Lamentablemente, los intentos de estabilizar las conexiones personales de estas maneras —hipersensibilidad, celos y exageración— suelen tener como consecuencia lo que más se teme. Sin querer, pueden alejar a otras personas, lo que refuerza su creencia fundamental de que los demás están deseando abandonarlos. Además, cuando la ansiedad propia tiene un papel tan importante en las relaciones, puede debilitar la confianza e impedir el crecimiento y la conexión profunda.

Su gran deseo de conectar está imbuido en la creencia de que la conexión no es posible, y sus comportamientos mantienen viva esta paradoja. Aunque no estén preocupados por el abandono constantemente (o no sean conscientes de ello), pueden proyectar una desilusión constante en las relaciones y esperar a menudo que se produzcan ciertas formas de rechazo y nuevas heridas en cualquier momento. Esperan que su pareja los decepcione o los dañe, incluso antes de que hagan (o no hagan) algo que les podría resultar emocionalmente complicado. Esto mantiene su tristeza y sus heridas abiertas y garantiza una activación fácil debido a los altibajos de las relaciones. Si quedas atrapado en estos ciclos, puede resultar extremadamente doloroso. La buena noticia es que existen muchas formas de ayudarnos a nosotros mismos y a los que nos rodean a salir de estos bucles para dejar atrás este sufrimiento cíclico.

Necesidad de refuerzo

La pareja de Henry y Georgia, que mencioné al principio de este capítulo, pudo expresar sus problemas durante la terapia y encontró una solución dirigida directamente a la necesidad ansiosa de Georgia de refuerzo, y que también ayudó a Henry a acercarse más a ella desde su posición distante de evitativo.[4] Gradualmente, Georgia empezó a sentirse más tranquila y menos ansiosa, lo que le permitió confiar más en la relación. Desde el momento en que su sistema de apego empezó a recibir cariño, le resultó más fácil dar la bienvenida a Henry de una manera más regulada.

El refuerzo es importante para todos, pero especialmente para los que tienen apego ambivalente. Recuerda esto si hay alguna persona importante en tu vida con la adaptación ambivalente. El refuerzo y permanecer en contacto con regularidad (con mensajes de correo electrónico, de texto o llamadas) calma un sistema de apego hiperactivado como ninguna otra cosa. Esto no significa que tengas que estar constantemente reforzando a tu pareja ambivalente durante el resto de tu vida. Como en el ejemplo de Georgia y Henry, cuando un ambivalente recibe refuerzo, siente más estabilidad, principalmente porque experimenta la permanencia y la constancia de los objetos de una manera a la que no tuvo acceso de pequeño. Esto le permite relajarse en la dirección del apego seguro, lo cual es beneficioso para todos dentro del campo relacional. Los ambivalentes obviamente desean una relación y, por lo general, no les cuesta mucho mantener una, especialmente con una pareja segura que esté dispuesta a aportarles coherencia y refuerzo. Si te sientes identificado con el apego ambivalente, intenta la siguiente práctica sencilla para regalarte algo de refuerzo profundo.

EJERCICIO Mi gente constante y predecible

Empieza por enraizarte en un lugar cómodo. Siente cómo los pies se posan sobre el suelo y presta atención a todas las sensaciones que surgen mientras estás en la silla. Abandónate en tu asiento, relájate y deja que la silla te sujete. No tienes que hacer nada más: el suelo sostiene tus pies y la silla te mantiene erguido. Déjate llevar por estas sensaciones durante un par de minutos.

Ahora, analiza tu historial de relaciones en busca de personas que hayan tenido una influencia significativa: familia, amigos, mentores o profesores. Presta especial atención a cualquiera que haya estado presente a lo largo de los años de forma fiable. No hablo de personas perfectas, solo que hayan sido bastante fiables. Encuentra a alguien con quien sientas cierto nivel de confianza, aunque no tengas noticias suyas durante años. En cuanto ves la cara o escuchas la voz de esta persona, tienes un sentimiento de conexión imperturbable; sabes que te apoya y siempre lo hará. Nunca tienes que aparentar lo que no eres con ella. Está ahí cuando la necesitas, te quiere y cree en ti.

Si no has tenido en tu vida personas que se ajusten a esta descripción especialmente bien, empieza con lo que tengas y elige a quien más se acerque. Si lo prefieres, puedes imaginar a una persona ideal que sea constante y fiable para este ejercicio. O si cuentas con varias personas que respondan a esta descripción, empieza eligiendo solo una. A lo largo del ejercicio puedes añadir a otras, si lo deseas.

¿Cómo te sientes cuando imaginas a esta persona? ¿Qué ocurre en tu cuerpo? Observa cualquier signo de relajación o regulación. Puede que sientas un poco más de calidez que antes o que respires de forma más profunda y regular. ¿Cómo notas los hombros? Observa cualquier cambio en el área del corazón y en los músculos faciales. Presta mucha atención a la parte de tu cuerpo que más se relaja. El sistema de apego reside en el cuerpo, así que queremos observar lo que ocurre en él. También puedes prestar atención a cualquier cosa que se manifieste emocionalmente. Puede que sea amor por esa persona, puede que te sientas seguro y comprendido, o quizá surja una tristeza dulce. Siente lo mejor que puedas todos los aspectos implicados en disfrutar de la presencia de esta persona constante, fiable y cariñosa.

Este ejercicio puede traerte recuerdos de alguien que hayas perdido. De ser así, permítete un tiempo para sentir su ausencia y nota cómo esto demuestra que tienes la capacidad de amar y conectar profundamente.

Cuando termines este ejercicio, escribe unas líneas sobre la persona que haya surgido en la práctica y lo que sucede al imaginarla. Describe lo que ocurrió en tu película interna. Puede que sintieras diferentes respuestas ante distintas personas a medida que repasabas tus relaciones. En el futuro, intenta este ejercicio con otra persona y observa lo que ocurre.

«Si, pero...»

Hace años trabajé con una mujer holandesa, Kim, en uno de mis talleres de recuperación del apego. Me contó lo siguiente: «Tengo un patrón que hace que siempre me enamore de hombres que no están disponibles física o emocionalmente, por ejemplo relaciones a distancia. Todas mis relaciones terminan más o menos a los dos años. Estos hombres no pueden amarme, conectar conmigo o estar presentes durante suficiente tiempo». Mientras la escuchaba, intenté dejar a un lado el hecho de que lo que Kim decía podía ser absolutamente cierto, es decir, que hubiera tenido una serie de parejas con falta de disponibilidad emocional o de otro tipo en su vida. En su lugar, hice todo lo posible por escuchar sintonizando con las posibles dificultades de apego temprano.

Su pareja actual, Johan, era un hombre de negocios que viajaba mucho, y Kim también sentía que no estaba suficientemente presente, como el resto de sus novios anteriores. Le pregunté lo que Johan hacía para demostrarle su apoyo y que se preocupaba por ella. «Nada, en realidad –me respondió–. Es como todos los demás, siempre ocupado haciendo algo y no suele estar disponible». La presioné un poco para que examinara algo más de cerca el comportamiento de su pareja, ya que una característica de las personas con apego ambivalente es que no dan importancia a los comportamientos cariñosos de los demás. Si eres un niño con padres poco fiables y te abres a esos poco frecuentes momentos de amor y apoyo, te expones a un montón de dolor cuando más tarde se produzca el abandono. Es demasiado arriesgado. No puedes desactivar la llamada de atención porque tu supervivencia depende de ello. Obviamente, cuando eres adulto, esta situación ha cambiado de manera radical, pero tu sistema de apego no lo sabe.

Kim parecía desconcertada. «Bueno, me llama todas las noches para ver cómo me ha ido el día y me desea felices sueños. De hecho, eso me hace bastante feliz». Le pedí que escuchara a su cuerpo. ¿Cómo se sentía cuando sabía que era él quien la llamaba? «Siento más calidez y el vientre más relajado», respondió. Incluso empezó a sonreír un poco. Le pedí que siguiera analizando su relación. ¿Podía señalar algún otro comportamiento cariñoso? «Cuando viaja por distintos países, me trae regalos. Cosas especiales como joyas o algo que sabe que me puede gustar. Y, cuando regresa, con frecuencia planea un fin de semana especial para los dos (normalmente una vez al mes) en el que podemos irnos por ahí juntos sin distracciones. Y realmente conectamos durante esos momentos».

Quiero enfatizar lo impresionada que parecía estar Kim cuando empezó a reconocer y enumerar todos los comportamientos cariñosos que Johan había tenido con ella. Esto era totalmente opuesto a su experiencia con él en el día a día, aunque ahí estaban las pruebas, tan claro como el agua. Lo único que veía antes era su falta de disponibilidad constante, es decir, todo lo que le faltaba.

Ahora podía profundizar aún más en su análisis. «Me da miedo ser consciente de ello –afirmó–. Cuando acepto su bondad, me asusto. De alguna manera, sé que voy a perderlo todo». Este es el dilema.

Para los que se identifican como ambivalentes, obtener lo que desean de los demás –amor, afecto, seguridad, etc.– puede parecerse un poco a encontrarse a sí mismos en una hamaca deliciosamente cómoda. Realmente les gustaría relajarse, pero no dejan de preguntarse si la condenada estará bien sujeta. Tienen la sensación de que se va a soltar en cualquier momento y se van a hacer daño al caer al suelo. Puede que sean capaces de reconocer brevemente lo bueno que se les ofrece en un momento, pero están centrados en el futuro: «¿Esto seguirá aquí mañana? ¿Cómo puedo estar seguro?». Esencialmente, las personas con este estilo de apego viven con un profundo deseo de conexión, pero, cuando la logran, les resulta difícil en la práctica. La quieren, pero no saben cómo disfrutar de ella cuando la encuentran. Su anhelo de cercanía solo se puede comparar con el miedo que surge cuando consiguen esa cercanía que han estado buscando. Como resultado, algunos de ellos se convierten en expertos en evitar o minimizar los intentos de su pareja de demostrar su amor por ellos, o bien encuentran maneras de generar desconexión y distancia (discutiendo, poniéndose a la defensiva o dirigiendo a la pareja celos y sospechas).

Esta es la experiencia de apego ambivalente a cuyo núcleo debemos llegar. Tenemos que desvelar y desentrañar estas experiencias físicas y emocionales para poder asumir nuestros dilemas de apego. Debemos ver lo poderosa que es esta respuesta «sí, pero...» en nuestra vida y lo limitante que puede ser. Comprender esto puede ayudarnos a aceptar el amor y el apoyo que están ahí sin estar incesantemente matizando, despreciando o negando lo bueno que ya tenemos en nuestra vida. Podría parecer extraño que algunos de nosotros tengamos tendencia a rechazar la positividad de esta manera. Al fin y al cabo, ¿no es eso lo que queremos en la vida? Pero no olvidemos lo poderosos que son nuestros patrones fisiológicos. En un nivel inconsciente, creemos que nuestra supervivencia está en juego y que, si desactivamos la llamada de atención, dejamos de hablar o de quejarnos, perderemos a nuestra figura de apego principal, lo cual es muy amenazante. Tenemos que descubrir que no tiene por qué ser así necesariamente. A medida que calmemos las llamadas de atención, puede que seamos capaces de acercarnos aún más a nuestra pareja, disfrutar de verdad de la conexión y sentirnos plenos en lugar de dejarnos llevar por el miedo a perderla.

A PARTIR DE AHORA

Ya he ofrecido un par de ejercicios para ayudar a contrarrestar algunas de las dificultades inherentes a la adaptación ambivalente, pero me gustaría dedicar el resto del capítulo a proporcionar otras formas de dirigirnos hacia el apego seguro.

HAS 12 revisada Observar los comportamientos cariñosos

Aludiendo una vez más a Rick Hanson, todos podemos hacer un esfuerzo por prestar un poco más de atención de lo normal a las experiencias positivas para reparar neurológicamente nuestra tendencia a centrarnos en lo negativo, lo peligroso o lo triste de la vida. Hanson resalta que las experiencias positivas fluyen por el cerebro como el agua por un colador.[5] Tenemos que hacer lo que podamos para contrarrestar estos hábitos protectores del cerebro de forma que no siempre demos por hecho lo peor, lo cual nos permitirá recibir lo *mejor* y disfrutarlo. No se trata solo de tener pensamientos felices e ignorar nuestros problemas y retos; tiene que ver con llevar la atención a lo que nos va bien, lo cual amplía la apertura para incluir las cosas buenas de la vida. Para las personas con la adaptación ambivalente, esto resulta especialmente importante.

Como indiqué antes, los que tienden hacia el estilo ambivalente a menudo restan importancia a lo que funciona bien en sus relaciones, es decir, todo lo bueno que desean pero parece que no pueden encontrar. Para compensar esta tendencia, en primer lugar es importante empezar por *notar* cuándo alguien está siendo cariñoso o bueno con nosotros y, después, materializar la intención de estar presentes. Reconoce estas cosas deseables cuando ocurran y tómate un momento para sentir la bondad y el amor de las palabras, las caricias, los gestos, las miradas, las acciones, los actos de bondad y los regalos que encuentres en tu camino. Permítete experimentar cuánto puedes aceptar y recibir de los demás, y disminuye tu tendencia a centrarte en el dolor y la decepción. Esto es más complicado de lo que parece, especialmente cuando quieres observar cosas que normalmente se escapan de tu campo de conciencia. Se trata de prestar atención de una forma nueva, pero también de aprender cómo confiar gradualmente en la bondad de la vida.

Una vez hace mucho tiempo me enfadé cuando mi pareja me dijo: «Cada vez que te digo cuánto te quiero, me ignoras o empiezas a hablar de otra cosa. Es como si desconectaras de alguna manera. Me duele que no reconozcas mi amor por ti». Me enojé porque no podía creer que alguien pensara que hacía algo así, pero también porque no quería admitir que era cierto. Después de pasar la noche sin dormir dándole vueltas, me di cuenta de que tenía razón, y me resultó difícil admitirlo. Las muestras de afecto siempre me hacían sentir incómoda. Tenía el hábito de darme la vuelta o cambiar de tema porque no sabía qué hacer con el amor cuando lo veía venir de forma tan directa. ¿No es increíble?

Por tanto, hice un pacto conmigo misma: *cada vez que alguien me demuestre amor, voy a permanecer presente y no voy a desconectar ni a ignorarlo.* Esto me resultó mucho más difícil de lo que había imaginado. Me costó meses de práctica poder permanecer enraizada y conectada mientras sentía realmente los abrazos, escuchaba de verdad las palabras amables, apreciaba los regalos, recibía las miradas de amor y sentía cualquiera de estas cosas de forma significativa y duradera. También me hice consciente de que mi actitud evasiva hacía daño a mi pareja, y yo quería recibir el regalo de su amor.

Recomiendo encarecidamente esta práctica a cualquiera, porque creo que ofrece experiencias reparadoras que ayudarán a acceder a la red de apego seguro. Y creo que esto es especialmente cierto para las personas con la adaptación ambivalente. En primer lugar, tienes que darte cuenta de lo bueno (lo cual ya es un reto por sí solo) y, después, permitirte absorber cualquier forma de amor, cariño y apreciación. Esto puede resultar difícil, especialmente al principio, así que te sugiero dar pequeños pasos al principio y, a continuación, ir aumentando para aceptar cada vez más. Y, si te ayuda, el siguiente ejercicio proporciona una forma más dirigida de practicar el hecho de asimilar lo bueno.

EJERCICIO Recibir un 1% más

Encuentra un sitio cómodo para sentarte, siente las sensaciones que tengas en los pies, relaja el cuerpo y recuerda la última vez que alguien se acercó a ti de manera amable y cariñosa. Esto puede adoptar muchas formas: un ligero contacto, un acto de servicio, la escucha compasiva, tiempo de calidad o un regalo especial. El escritor y sanador Gary Chapman ha realizado mucho trabajo en esta área, y recomiendo cualquier cosa que haya escrito sobre los cinco lenguajes del amor. ¿Cómo reconoces el amor cuando te lo ofrecen? ¿Qué es lo que más valoras? ¿Cómo demuestras tu amor? ¿Recurres a comentarios positivos, al contacto físico, ofreces tu ayuda o tu presencia (como cuando compartes tiempo de calidad) o haces regalos?[6] Haz todo lo posible por identificar qué lenguaje de amor utilizas y a cuál respondes de forma más natural.

Ahora, ten en cuenta que la forma en que las personas de tu vida expresan su amor puede ser diferente de la forma en que tú prefieres dar y recibir amor. Por ejemplo, a mí me gustan mucho las palabras de aliento, pero mi padre nunca me dijo que me quería hasta el final de su vida. No obstante, me arreglaba la bicicleta y cerraba con llave las puertas por las noches para mantenernos a salvo, y se aseguraba de que todo funcionara bien en casa. Así es como demostraba su amor (mediante acciones), aunque en aquel entonces a mí no me resultara evidente. Esta distinción puede ser difícil al principio. Empieza solo por considerar que es posible que tu lenguaje de amor y el de tu pareja sean muy distintos. Quizá sea una cuestión tan simple como que no nos damos cuenta de algo que parece obvio para la otra persona. Haz todo lo que puedas para ampliar tu receptividad con respecto al amor; extiende la red. ¿Qué te ofrece la persona amada que tal vez no hayas reconocido aún por completo? Ten en cuenta toda la gama de sus comportamientos cariñosos. ¿Cómo expresa su amor? A medida que te vengan cosas a la mente (algunas incluso por primera vez), ¿qué ocurre cuando reconoces estos comportamientos cariñosos? ¿Qué sientes en el cuerpo cuando te das cuenta de que tu pareja tiene su propia forma particular de demostrarte amor y apoyo? No desprecies el regalo solamente porque el envoltorio no te gusta. Observa cómo se puede expresar el cariño de diferentes maneras y experimenta tratando de aceptar el amor y la amabilidad de cualquier forma en que se te presente. Esta perspectiva alimenta la abundancia. Como dicen los italianos: *labbondanza!*

Observa si surge algún «sí, pero...», que es lo más probable. Puede que tu pareja haya reservado un tiempo especial para pasarlo contigo, pero que no te escuchara con toda la atención que tú querías cuando estabais juntos. O quizá te regaló flores, pero no eran tus favoritas. O te hizo un cumplido, pero algo de lo que dijo no te sonó del todo bien. Si eres una persona con apego ambivalente, puedes esperar que surja este tipo de pensamientos. Cuando ocurra, en lugar de reprimirlos, trátalos con compasión. Míralos con curiosidad y sé amable contigo mismo. Tenemos la idea de que recibir amor debe resultar fácil, pero para algunos de nosotros puede ser difícil y problemático.

¿Qué ocurre cuando te abres a toda esta amabilidad, aunque solo sea un poquito? No te sobrecargues con torrentes de gestos amorosos, palabras bonitas y caricias afectuosas: basta con aceptar un uno por ciento más, solo un pequeño paso cada vez. De esta forma, puedes ir avanzando poco a poco y sin necesidad de enfrentarte al reto de un cambio monumental e inmediato. Si puedes asumir un uno por ciento más, ¿cómo te sientes? Si estás bien, ¿puedes aceptar otro uno por ciento adicional? Si es así, sigue a tu propio ritmo. El uno por ciento puede transformarse en un cinco por ciento, y ese cinco por ciento pasar a ser un diez por ciento sin que te des cuenta. Tómate este ejercicio con calma, avanzando un uno por ciento en cada ocasión, y repite estos pasos tan a menudo como quieras. Con el tiempo, te darás cuenta de que tu capacidad para permanecer presente ante el amor aumenta cada vez más.

A medida que Kim practicó el recibir un uno por ciento más y se liberó del temor a perder a Johan, su abdomen se relajó y su corazón se abrió, lo que le permitió sentir amor y aprecio por su pareja. Pudo permitirse la experiencia de la satisfacción y la realización. En lugar de querer romper con él, deseaba ir a casa y volar a sus brazos. Al irse, Kim dijo: «¡Johan se va a alegrar tanto de que haya tenido esta sesión!». Ahora podía ver y sentir su amor y sus comportamientos cariñosos.

Autorrelajación y espacio relacional

Como mencioné anteriormente, los ambivalentes suelen solicitar una cantidad significativa de tiempo y energía a sus seres queridos porque sienten que sus necesidades se satisfacen principalmente a través de otras personas. No aprendieron a regularse adecuadamente solos de niños, así que recurren constantemente a los demás en busca de satisfacción y seguridad. Obviamente, desde el punto de vista de la pareja, esto puede ser difícil, y la tendencia a pedir más y más puede ejercer una presión considerable en cualquier relación. No hay nada malo en apoyarnos en nuestras relaciones y pedir apoyo y amor, por supuesto, y no quiero disuadir a nadie de hacerlo. Es solo que queremos aprender a lograr el equilibrio óptimo entre corregulación y autorregulación.

Encuentra maneras de practicar comportamientos de autorrelajación. Pero no hablo de hacerlo como respuesta a todos los sucesos perturbadores que se presenten, ya que la regulación con los demás es normal y deseable. El apego seguro implica de forma natural a los demás. Me refiero a aplicar tu habilidad innata de cuidar de ti mismo un poco mejor cuando surge ansiedad o miedo, particularmente si hay faltas de sintonía relacionales, ya sean reales o percibidas. ¿Qué te ayuda a calmarte y no implica a nadie más? Intenta escuchar música relajante o bailar. Da un paseo por la naturaleza, practica alguno de los ejercicios de este libro (especialmente el ejercicio «Enraizamiento físico» que hicimos antes en este mismo capítulo), medita, practica yoga, sal a correr o simplemente respira profundamente unas cuantas veces.

También puede resultarte muy tranquilizador reflexionar atentamente sobre los sentimientos potentes que provocan las relaciones interpersonales. Si los acompañamos, pueden completarse, transformarse y sanarnos. Esto solo funciona con la dosis adecuada de compasión. Recuerda que sufrimos mucho dolor de pequeños, y gran parte de él es el trauma formativo que ni siquiera podemos recordar. Por esta razón, a veces somos susceptibles a respuestas y sentimientos exagerados; pero, como adultos, tenemos la capacidad de contemplar esta tendencia con claridad y amabilidad. Ser capaz de activar la corteza prefrontal de esta manera estimula la red de apego seguro, lo cual, en sí mismo, es una forma maravillosa de autorregulación.

Además, cuando aprendes a autotranquilizarte mejor, tus seres queridos no se sienten tan responsables de tus emociones. A medida que vayas equilibrando tus hábitos de corregulación y de autorrelajación, aumentará el espacio saludable en las relaciones. A la vez, tú y tu pareja disfrutaréis de vuestra conexión con mucha más facilidad.

Distinguir el yo y restaurar la conexión

Ciertamente, dar a los seres queridos más espacio y aprender a tranquilizarse uno mismo puede resultar especialmente difícil para las personas con apego ambivalente, así que quiero ofrecer otra perspectiva al respecto. Piensa en esto: los ambivalentes tienen un talento único. Poseen una sensibilidad y una capacidad increíbles.

Pueden sintonizar con otras personas y conocerlas profundamente (a veces se dan cuenta de lo que necesitan incluso antes que ellas mismas), y centrarse en ellas de formas únicas. Me gustaría reconocer lo valioso que es este don y, al mismo tiempo, ayudarte a desarrollar la capacidad de conectar contigo, ya que vivir con un déficit de autoconexión significa que tendremos más dificultades en la vida de las necesarias. Es demasiado doloroso no estar en contacto con uno mismo, especialmente cuando las técnicas para vivir de otra forma están al alcance de la mano. Una forma de intentarlo es analizando el *yo* en el *yo*. ¿Y qué significa eso? Bueno, poniéndome a mí misma como ejemplo, ¿a qué me refiero cuando hablo de mí misma? ¿Quién es la *Diane* en la *dianeidad*? Sé que suena un poco absurdo (y lo es), pero a lo que intento llegar es a ese sentido especial del *yo*, o sea, tu propia experiencia individual en el momento presente. ¿Qué emociones sientes? ¿Qué está ocurriendo en tu cuerpo? ¿Qué pensamientos surgen, se conectan y se disuelven? Pon un poco de atención amable y observa tu experiencia única según se produce, momento a momento. Dan Siegel tiene un ejercicio que recomiendo llamado «la rueda de la conciencia», en el que también resalta la importancia de aprender a conectar con nosotros mismos de forma auténtica y practicar el hecho de llevar la conciencia a diferentes modos de percepción.[7]

Las personas ambivalentes pueden beneficiarse tremendamente si restauran el sentido de la conexión consigo mismas. Entre otras cosas, permite desarrollar más sensibilidad relacional, verdadera reciprocidad y resiliencia. Como mencioné antes, estar más en contacto con uno mismo mejora nuestra capacidad de comprender a otros y relacionarnos con ellos; también nos permite sintonizarnos con el campo dinámico que surge cuando tenemos una relación con otra persona.

A veces, aquellos con adaptación ambivalente tienen dificultades para sintonizar consigo mismos en presencia de otras personas.
Esto puede resultar confuso, pero no tiene por qué ser un obstáculo necesariamente. Si esta dificultad te resulta familiar, intenta el
siguiente ejercicio. Su objetivo es ayudarte a experimentar límites
saludables y mantener la conexión contigo mismo cuando hay otras
personas presentes.

EJERCICIO En compañía

Empieza por respirar profundamente varias veces y contactar
con las sensaciones físicas que aparezcan. Presta atención a
cualquier área donde sientas incomodidad, al contacto físico
con el suelo o la silla, a las tensiones musculares o a la relajación. Si te ayuda, puedes volver al ejercicio «Enraizamiento
físico», en este mismo capítulo, antes de sumergirte en el resto
de esta práctica. Independientemente de cómo lo hagas, relájate en tu propia conciencia física durante uno o dos minutos.
Algunas personas prefieren mantener los ojos cerrados en la
siguiente parte de este ejercicio, que implica imaginar que hay
alguien sentado frente a ti. No importa mucho quién sea: tu
pareja, un hijo, una amiga, un desconocido o tu perro. Si rea-
lizas esta práctica en una sesión con un terapeuta, puede ser
tu terapeuta. Si hay alguien físicamente contigo, intenta mantener los ojos abiertos lo justo para ver sus zapatos, de forma
que recuerdes que hay alguien realmente contigo.
Mientras imaginas a esta persona delante de ti, observa qué
ocurre en tu conciencia. Examina lo que pasa cuando incluyes
a alguien más en tu experiencia. Empezamos este ejercicio

solo contigo y tus sensaciones, pero ahora hay alguien más ahí. ¿Qué ocurre? ¿Tu conciencia se desplaza a la otra persona y permanece allí de forma predominante? ¿Pierdes la conexión contigo, en particular en cuanto a tus sensaciones físicas? De ser así, mueve los dedos de los pies y observa las sensaciones identificadas al principio de este ejercicio para volver a tu cuerpo. El cerebro obtiene el ochenta por ciento de la información del resto del cuerpo, así que siempre que nos movemos (especialmente en el caso de las articulaciones), inundamos el cerebro de conciencia física. Si te ayuda a conectar contigo mismo, levántate y camina un poco antes de volver a sentarte. Llega al punto de reconectar con tu *tuidad* esencial, respira unas cuantas veces e imagina a la persona sentada delante de ti de nuevo.

Cuando te sientas más capaz de sintonizar contigo mismo y a la vez imaginar a la otra persona delante de ti, observa si puedes desplazar tu conciencia desde tu propio cuerpo para incluir su presencia física. ¿Qué ocurre? ¿Pierdes la conexión propia o tus sensaciones físicas? Si es así, siente de nuevo tu cuerpo, cambia el foco otra vez para incluirte solo a ti mismo y vuelve a intentarlo. Trata de establecer una conexión contigo y con la otra persona, es decir, no contigo o con la otra persona, sino con ambos a la vez.

Juega con tu conciencia. Llévala a distintas partes del cuerpo y, después, de nuevo a la otra persona. Expande tu conciencia de tal forma que os abarque a los dos, es decir, todo el campo relacional. Si en algún momento te desconectas de ti mismo, vuelve a enraizarte e inténtalo de nuevo. ¡No te dejes fuera! Como con la mayoría de las cosas, la práctica te permitirá mejorar esta capacidad: conciencia propia, conciencia de otras

> personas, conciencia de todo el campo relacional. Esta capacidad significa que el sistema de apego seguro está activo y funciona perfectamente.

Una de las cosas buenas de este ejercicio es que puedes practicarlo en tiempo real: cuando te des cuenta de que estás perdido en la experiencia de otra persona, tómalo como una señal de alarma para volver a tu propio ser. Dedica un momento a reconectar con tu propia experiencia y recuerda que es posible tener conciencia completa de ti y de la otra persona al mismo tiempo.

Lo principal que quiero que recuerdes es que uno de los componentes más importantes de la sanación para los individuos ambivalentes implica reconectar consigo mismos de una forma u otra. El objetivo no es excluir a los demás, pero, en principio, puede que necesites centrarte en ti antes de incluir a otras personas gradualmente (como en el ejercicio anterior). Para los que tienen apego ambivalente, es importante corregir las experiencias de pérdida de uno mismo. Cuando adquirimos las herramientas indispensables para autotranquilizarnos y para recurrir a otros en busca de consuelo y apoyo, empezamos a darnos cuenta de los comportamientos cariñosos y a recibir el amor que ya está disponible, lo cual nos hace sentir satisfacción y plenitud. Las quejas se reducen y somos capaces de recibir y de pedir lo que necesitamos de forma más clara y directa. Disfrutamos tanto del tiempo en soledad como del tiempo en conexión, y podemos realizar la transición de uno a otro con mayor facilidad.

Cariño

Los comportamientos y las experiencias que albergamos en nuestro cuerpo se remontan mucho tiempo atrás. Aprendimos e incorporamos secuencias de acción particulares antes de que nuestra mente fuera capaz de formar una historia sobre nuestra experiencia y, realmente, hicimos lo que pudimos con lo que teníamos. Por tanto, se trate de lo que se trate, no seas duro contigo mismo. Haz todo lo que puedas por tratarte con compasión. Este trabajo no tiene que ver con acumular más juicios sobre ti mismo, sino con examinar más detalladamente qué nos sirve en el momento presente y qué no. Tiene relación con recuperar la apertura, estimular nuestros recursos y cruzar el puente hacia el apego seguro.

Cuando reconocemos nuestro estilo de apego con compasión, tenemos acceso a opciones que la mayoría de las personas consideran imposibles. Si te identificas con el apego ambivalente, intenta ser un poco más curioso sobre la incomodidad relacional cuando aparezca, ya que lo hará inevitablemente. Si tiendes a culpar a los demás o a hacerlos responsables de tus emociones, observa si puedes volver suavemente a tu propio cuerpo con atención amable y sintonizar con tu esfera emocional. Te lo mereces. Tienes la capacidad de atravesar y disipar la incomodidad al alcance de tu mano para acceder a ella por tu cuenta. Recuerda, es tu derecho inalienable. Y reclamar esa habilidad natural te llevará a una experiencia mucho más gratificante de ti mismo y de las relaciones que elijas tener.

PREGUNTAS PARA EVALUAR EL APEGO AMBIVALENTE

- ¿A menudo deseas estar con personas que no parecen estar disponibles?
- ¿A veces pides perdón por cosas que no has hecho solo porque temes molestar o perder a otra persona?
- ¿Te pierdes a ti mismo o te fusionas con la otra persona en las relaciones? ¿Te centras demasiado en los demás? ¿Te centras demasiado poco en ti?
- ¿Tu pareja a veces te describe como una persona dependiente o insegura?
- ¿Te resulta difícil decir que no a otras personas? ¿Tienes problemas para mantener límites saludables?
- ¿Te cuestionas a ti mismo con frecuencia o muestras falta de confianza en tus palabras o acciones?
- ¿Sientes que normalmente das más de lo que recibes en las relaciones? Si es así, ¿sueles terminar sintiendo resentimiento hacia la otra persona, incluso hasta el punto de guardarle rencor?
- Cuando tu pareja te expresa amor y aprecio, ¿te resulta difícil reconocer y sentir profundamente sus comportamientos cariñosos?
- ¿Te resulta difícil estar solo?
- Cuando estás solo, ¿te sueles sentir abandonado, estresado, dolido o enfadado?
- ¿Anhelas tener conexión pero te da miedo perder tu relación?
- Tras pasar un tiempo lejos de tu pareja (por ejemplo, después de unas vacaciones o un viaje de trabajo), ¿a menudo te sientes disgustado o tienes discusiones?

- ¿Sientes que puedes sintonizar fácilmente con los sentimientos, los deseos y las necesidades de los demás?
- ¿Sientes que necesitas a los demás para calmarte y te resulta difícil tranquilizarte solo?
- ¿A menudo te encuentras reviviendo el pasado o no eres capaz de perdonar u olvidar viejas heridas?
- ¿Crees que te quejas mucho y subestimas o desestimas los comportamientos cariñosos de tus seres queridos?

4

APEGO DESORGANIZADO

E l estilo desorganizado es el más complejo de todos, ya que es un sistema de apego intrincado –está estrechamente vinculado con nuestro instinto de supervivencia debido a un miedo excesivo en la relación de apego original– y no se ha estudiado ni se ha escrito sobre él tanto como en el caso de los otros estilos. También es complicado porque no presenta patrones de comportamiento o de experiencia detectables; es irregular y está marcado por cambios súbitos, por lo que puede resultar difícil de entender y complejo a la hora de trabajar con él.

El patrón desorganizado se desarrolla como respuesta a un progenitor o cuidador que resultaba aterrador la mayor parte del tiempo. Un progenitor puede tener miedo de sus hijos o seguir sufriendo por traumas no resueltos, con lo cual vive con temor, ira o disociación. Traumas de nacimiento, acontecimientos de la vida que resultan abrumadores o procedimientos médicos importantes que interrumpen la conexión entre el progenitor y el niño en etapas tempranas también pueden ser factores que contribuyen al sentimiento de que las relaciones son peligrosas.

Cuando reaccionan al miedo, la amenaza y la falta de regulación con este patrón, los niños pueden portarse mal de forma natural para librarse de una angustia que no pueden soportar, por lo que a menudo se los considera «niños problemáticos». Entonces, los castigan por su ausencia de regulación, lo cual no hace más que exacerbar la dificultad. Llevado al extremo, este patrón puede contribuir a las adicciones, los problemas psiquiátricos, los desórdenes de personalidad o los comportamientos delictivos.

Cuando los padres están asustados y no son capaces de regular su propia angustia, tampoco pueden calmar la angustia de sus hijos. El niño pasa demasiado tiempo con un exceso de agitación y altos niveles de activación en el sistema nervioso simpático, lo cual supone un alto gasto energético (el estado de lucha o huida) o una sobreactivación del estado parasimpático (bloqueo o disociación) para ahorrar energía. Su rango de resiliencia o su ventana de tolerancia se reduce, de manera que es mucho más fácil que se active una respuesta y pierda el equilibrio. El niño tiene problemas para autorregularse o tranquilizarse solo, y tampoco se puede regular bien con los demás. Cualquier emoción puede llevar a un mal comportamiento, o bien se puede producir una desconexión crónica. El cerebro y el resto del cuerpo se aletargan, lo que puede provocar una falta de motivación, desconexión o distanciamiento, un déficit en el control de los impulsos, dificultades de comprensión y bajo rendimiento escolar.

Estos niños también pueden presentar problemas sociales –por ejemplo, confundir signos amistosos con agresivos debido a la activación ante la amenaza– y puede resultarles difícil hacer amigos, así que las conexiones que necesitan para sanar cada vez resultan más difíciles de alcanzar. El niño a menudo se identifica como el problema, cuando es posible que lo que necesite más atención sea la dinámica en el hogar. A las personas que disfrutan de un apego seguro puede resultarles complicado comprender el estrés crónico que sufren los que tienen un apego inseguro, especialmente la intensa angustia con la que viven a diario los que tienen la adaptación desorganizada, a menudo con muy poco alivio.

En cierto sentido, el apego desorganizado es una combinación de las adaptaciones evitativa y ambivalente, pero se mezcla con la activación de las defensas de supervivencia inducida por el miedo para gestionar una amenaza constante. Algunas de las personas con apego desorganizado tienden hacia el lado evitativo y son más cerradas y desconectadas. Otras tienden hacia el lado ambivalente del espectro desorganizado y viven con estados de ansiedad, pánico o rabia. Otras oscilan entre estados de ansiedad y depresión. También hay algunas que solo son desorganizadas según la situación, es decir, que este estilo únicamente se manifiesta como respuesta a desencadenantes particulares como los gritos o la violencia en la televisión. Vamos a revisar brevemente los estilos de apego que ya hemos analizado para tener clara la base antes de adentrarnos en la exploración del estilo de apego desorganizado: cómo reconocerlo, cómo puede surgir en primer lugar y algunas formas de solucionar las cosas personalmente y con los demás.

Los niños que crecen con un apego seguro pueden regular su sistema nervioso con la ayuda de sus padres u otros cuidadores. La mayoría del tiempo se sienten apoyados y queridos, y se recuperan más rápidamente cuando se sienten mal. Como resultado, pueden basarse en una corregulación que funciona para desarrollar también una autorregulación eficaz. Como además les resulta fácil pedir ayuda o buscar apoyo cuando tienen problemas o se sienten amenazadas, las personas con apego seguro disfrutan de la seguridad que les aporta su comunidad cuando la necesitan. Precisamos ambos tipos de regulación a lo largo de toda nuestra vida (autorregulación y corregulación) pero, en el desarrollo normal, los niños aprenden la regulación interactiva con los cuidadores antes de empezar a regularse más por sí solos. Como resultado, tienen mucha resiliencia relacional, ya que estas dos formas de regulación se desarrollan de manera apropiada, están disponibles y se encuentran en equilibrio. Por tanto, las personas con apego seguro disfrutan de muchas opciones para hacer frente a los retos inevitables de la vida.

Esto no ocurre en aquellos con los estilos evitativo y ambivalente. En ambos casos, no recibieron una regulación interactiva satisfactoria o constante en las primeras etapas de su vida por diversos motivos, pero las formas en las que se adaptaron a ese déficit a medida que crecieron son distintas. Los evitativos no buscan la regulación con otras personas, ya que nunca tuvieron una buena experiencia de que eso ocurriera en el pasado. Los progenitores estaban tan poco disponibles o eran tan negativos que el niño no experimentó la corregulación necesaria para grabarlo en su propio sistema nervioso. El niño pierde el sentido del otro. Las personas evitativas pueden parecer expertas en la autorregulación, pero a menudo se regulan solas de una forma que se parece más a la disociación. Las ambivalentes, por otro lado, están condicionadas para buscar la corregulación con los demás, a menudo hasta llegar a excluir la autorregulación, y este tipo de búsqueda externa puede tomar la forma de simplemente querer que los demás cuiden de ellas (es decir, sin mucho intercambio mutuo) y suponer la pérdida de la conciencia de sí mismo. Para adaptarse a las limitaciones de los estilos de crianza de sus padres, se podría decir que los evitativos son muy poco dependientes y los ambivalentes demasiado dependientes. Estos dos estilos de apego están vinculados a la supervivencia: los evitativos están condicionados para sobrevivir orientándose hacia sí mismos y desestimando o no necesitando a los demás, mientras que los ambivalentes, con muy poca orientación hacia sí mismos, intentan sobrevivir recurriendo constantemente

a los demás en busca de amor y sustento a la vez que se desconec-
tan de su propio ser. Su continua lucha por recibir cariño puede,
en la práctica, alejar los comportamientos cariñosos y las parejas
amorosas. El reto para los evitativos es dejar entrar a otras personas lo suficiente para poder experimentar y aprender la regulación
interactiva, y disfrutar del verdadero sustento que ofrecen las conexiones relacionales. Y una experiencia reparadora útil para los
ambivalentes es aprender a desarrollar la conciencia de sí mismos,
autotranquilizarse y practicar la regulación interactiva mutua verdadera. Tienen que dejar de abandonarse a sí mismos para estar
presentes y poder notar y recibir el amor que anhelan. Para los que
tienen la adaptación desorganizada, las experiencias reparadoras
más importantes son aprender a autorregularse y a corregularse a
fin de aumentar la sensación de seguridad relativa y encontrar una
claridad que disperse la confusión.

RANGO DE RESILIENCIA

Dan Siegel habla sobre la «ventana de tolerancia»: la zona óptima
en la que una persona se siente neurológicamente cómoda.[1] En esta
zona, nos sentimos vivos y receptivos, pero no demasiado estresa-
dos; podemos relajarnos, disfrutar de estar alerta, y no estamos de-
primidos ni desconectados. Nuestro sistema nervioso hace su trabajo, es decir, su actividad se eleva al activarse el sistema simpático
para disfrutar de energía y viveza, y rítmicamente cambia al sistema
parasimpático a fin de lograr relajación, descanso y actividad diges-
tiva. Nos energizamos y activamos, y después pasamos de nuevo a la
relajación, como si navegáramos por suaves olas arriba y abajo. Esta
es otra forma de describir cómo es el apego seguro: el sistema nervioso trabaja de acuerdo con su diseño. Pero las personas reguladas
y con apego seguro no tienen una ventana de tolerancia estática,

sino que su capacidad se expande. Como se autorregulan y se co-rregulan con los demás de forma apropiada, con el tiempo pueden tolerar subidas y bajadas más pronunciadas sin salir de su zona de confort (lo que también me gusta llamar el rango de resiliencia).

Las personas con apego ambivalente se apartan con más facilidad de este rango ideal porque la activación simpática aumenta hasta que exceden el límite superior de esa ventana de tolerancia, es decir, experimentan estados emocionales intensos tales como ansiedad, pánico, enfado e incluso ira. El sistema de apego está sobreactivado; es extremadamente sensible y, con frecuencia, reacciona exageradamente ante errores y faltas de sintonía relacionales, se queda atrapado en el miedo de un abandono inminente y no se puede relajar con el contacto seguro cuando lo recibe.

Las personas evitativas, por otra parte, suelen dedicar sin saberlo mucha energía a bloquear anhelos naturales y saludables de apego, y pueden superar el límite inferior de la ventana de tolerancia óptima descendiendo hasta la sobreactivación parasimpática, lo que implica menor afecto, disminución de la vitalidad y el interés, y reducción de la implicación en relaciones interpersonales, especialmente las íntimas. De esta forma, su sistema de apego se desactiva; estas personas están desconectadas, disociadas.

Recuerda que los apegos inseguros evitativo, ambivalente y desorganizado son como una escala continua. Puedes tener una tendencia ligera o marcada hacia un patrón, o bien puedes experimentar una combinación de adaptaciones de apego según los entornos relacionales en los que estés con diferentes personas. También puede que vivas principalmente con un apego seguro pero que tengas ciertos detonantes que te lleven temporalmente al apego inseguro.

Independientemente de si se queda bloqueado en la activación o la desactivación, es posible que nuestro sistema de apego no esté regulado. De igual forma, el sistema nervioso puede perder la regulación con demasiada activación simpática o demasiada desconexión parasimpática. Y, lo que es especialmente relevante para el estilo de apego desorganizado, en una situación de estrés extremo, el sistema nervioso autónomo puede oscilar rápidamente entre estos dos polos, lo que provoca un cambio de temperatura extremo, falta de regulación en el apetito (comer demasiado poco o en exceso), interés sexual excesivo o mínimo, posibles desmayos y una respuesta de bloqueo con inmovilidad.

CAUSAS DEL APEGO DESORGANIZADO

Cuando observamos a las personas con el estilo de apego desorganizado, podemos ver una situación complicada caracterizada por la alternancia entre dos estados extremos situados en lados opuestos del rango de resiliencia. Los que tienen la adaptación desorganizada pueden oscilar entre desconectarse y desactivar por completo la llamada de atención, y pasar a la hiperactivación y mantener la llamada de atención activa todo el tiempo porque el sistema de apego está sumamente imbricado con la respuesta a la amenaza. Sin duda, se trata de una experiencia dolorosa. O bien podemos ser «desorganizados evitativos», en cuyo caso el estrés elevado o las amenazas provocan miedo y huida. Uno de mis clientes, Howie, me habló de su padre, que con frecuencia gritaba mucho y se enfadaba cuando bebía. Howie recuerda especialmente que le gritaba si no atrapaba la pelota o lo eliminaban por no conseguir batear cuando jugaba al béisbol. Después, su padre desconectaba de él y lo ignoraba durante unos días. Este recuerdo parece encapsular muchas memorias de los arrebatos furiosos de su padre borracho. Ahora, los ruidos fuertes o los gritos provocan en Howie una respuesta a la amenaza de huida, disociación, depresión y retirada.

Otras personas pueden ser «desorganizadas ambivalentes», es decir, la amenaza provoca dependencia, una fuerte necesidad de consuelo y preocupación excesiva por el abandono. Una de mis colegas, Shelly, estuvo enviando mensajes a su amiga Deidra, que vive en España, sin respuesta durante tres días. Los mensajes cada vez eran más frecuentes y más demandantes. La madre de Shelly la había abandonado cuando ella era muy pequeña y cuando perdió el contacto con Deidra estaba aterrorizada. Deidra, que no entendía la urgencia, finalmente contestó y le pidió a Shelly que no la presionara tanto, con lo que Shelly volvió a experimentar su peor pesadilla de rechazo. Cuando ambas comprendieron la alteración del apego que sufría Shelly, pudieron recuperar su amistad.

Además de tener un sistema nervioso que se puede activar con amenazas reales o percibidas y que posiblemente parece incontrolable la mayoría del tiempo, esta falta de regulación crónica hace que, para las personas con el estilo de apego desorganizado, resulte más difícil crear o mantener relaciones íntimas estables en las que se sientan razonablemente seguras. Recordemos que el apego desorganizado puede ser situacional, es decir, que la angustia es resultado de algunos desencadenantes específicos. Cuando estos desencadenantes desaparecen, la persona puede volver al apego seguro, evitativo o ambivalente sin que la respuesta a la amenaza la domine.

En los estudios de la «situación extraña» mencionados en el segundo capítulo, Mary Ainsworth observó que los comportamientos de algunos niños no se ajustaban a los tres estilos de apego que había identificado (seguro, evitativo y ambivalente). Fue la primera en centrarse en este estilo de apego insólito, que ella denominó «desorientado» (una descripción muy acertada).[2] En el estudio, estos niños podían correr hacia sus madres cuando estas regresaban; sin embargo, cuando estaban cerca, de pronto cambiaban de dirección y se alejaban, corrían alrededor en círculos, se tiraban al suelo, se quedaban parados en un sitio como un zombi o pegaban a su madre, como si su respuesta a la amenaza se hubiera activado repentinamente. Tras un análisis más detallado, Mary averiguó que este comportamiento en niños a menudo estaba relacionado con abusos o malos tratos en etapas tempranas. Yo también he descubierto que algunos de mis clientes tuvieron padres que no actuaban necesariamente de forma amenazante, pero que quizá sufrían traumas sin resolver. Estos padres con frecuencia generaban un campo de temor a su alrededor que interfería en el apego saludable con los hijos. Los niños aprendían a desapegarse.

En el apego seguro, los niños corren hacia sus padres siempre que se sienten disgustados o en peligro. Imagina lo que ocurre en el sistema de apego cuando los propios padres resultan amenazantes. Cuando los cuidadores son la fuente de peligro, los niños asustados no saben a dónde acudir, lo cual es aterrador. Aún no son capaces de autorregularse y no pueden recurrir a sus padres como refugio seguro. Esto es trágico y también fundamentalmente confuso en un nivel psicológico. En el apego desorganizado, tenemos dos instintos biológicos en conflicto: estamos orientados hacia la supervivencia, pero también necesitamos a nuestros cuidadores para que nos ayuden. El sistema de apego intenta conectar con el progenitor, pero entonces el instinto de supervivencia que teme al progenitor entra en juego y lo desconecta todo. Esto supone una situación imposible para los niños, porque dependen completamente de sus padres para la regulación interactiva, sin mencionar la seguridad básica.

¿Dónde más ocurre esto en la naturaleza? La mayoría de los animales que conozco están seguros con los de su especie. Tomemos como ejemplo a los conejos. Están diseñados biológicamente para comprender el hecho básico de la depredación. Viven una vida peligrosa (tratando constantemente de evitar ser cazados por coyotes, búhos, perros, etc.) pero cuando vuelven a sus madrigueras, se pueden relajar. No tienen miedo de otros conejos; no tienen que estar en guardia cuando están con otros conejos. Así que, en el mundo de los conejos, hay una lógica básica: existe una distinción clara entre depredadores y otros conejos de la misma especie. Saben que los demás conejos no se van a volver en su contra; pueden confiar en estar seguros en sus madrigueras, acurrucándose con sus familias y, por lo general, estando cómodos. No sé todo lo que ocurre ahí dentro, pero claramente al final hay un montón de conejos adicionales como resultado.

Lamentablemente, no siempre se puede decir lo mismo de los humanos. Esa distinción del mundo de los conejos entre criaturas que son obviamente peligrosas y criaturas que son obviamente seguras no se sostiene del todo. En el mundo humano, demasiados niños no viven en entornos seguros con una crianza suficientemente buena, con cuidadores que sean fiables, seguros y protectores. Y, para aquellos con apego desorganizado, las personas que debían ser protectoras con ellos eran las que más daño les hacían, o al menos representaban algún tipo de amenaza la mayor parte del tiempo. Al contrario que los conejos, tenemos que enfrentarnos a un mundo mucho más confuso.

Por tanto, la causa principal del apego desorganizado (como indicó Mary Ainsworth por primera vez) es que los padres son el origen del miedo. Y, de nuevo, esto puede ocurrir cuando cometen abusos o cuando ellos mismos viven con muchos traumas sin resolver. Incluso si los cuidadores no gritan a los niños ni les pegan o abusan de ellos de cualquier otra forma, pueden generar suficiente miedo, ira o caos en el entorno para hacer que el sistema de apego del niño se desconecte. A continuación, se indican algunas otras cosas que pueden fomentar el apego desorganizado:

Inestabilidad familiar. Existen diversos factores que pueden contribuir al caos en un hogar de forma regular: dificultades financieras (que pueden resultar en pobreza, hambre, actividades delictivas o enfermedades sin tratar), adicción continuada o vivir en un entorno peligroso, por nombrar algunos. Cuando las cosas no van bien o no son fiables la mayor parte del tiempo, los niños no pueden lograr una sensación de seguridad. Vivir en el miedo y el caos de forma regular no conduce a experimentar apego seguro.

Irregularidad emocional. Otra característica del apego desorganizado es el cambio brusco entre estados emocionales extremos. Por ejemplo, un progenitor puede estar feliz en un momento y al siguiente se le puede activar la ira violenta o puede empezar a llorar de forma incontrolable sin previo aviso. Uno de mis clientes me contó que tenía una madre muy reactiva que le regañaba furiosamente por percances sin importancia, tales como derramar la leche en la mesa o dejar una chaqueta en el pomo de la puerta; pero si un vecino amable aparecía de repente, su madre ponía inmediatamente su cara feliz, como si momentos antes no hubiera pasado nada perturbador. Comprensiblemente, los padres que se expresan de una forma tan incoherente provocan una profunda confusión en sus hijos.

Comunicación confusa. Las órdenes contradictorias, las situaciones sin salida y las señales mixtas (mensajes que indican «ven aquí» y «vete» a la vez) también son fundamentalmente confusas para los niños. Cuando los padres crean problemas irresolubles que hacen que los niños no puedan evitar fallar, esto puede afectarles posteriormente en su vida. Tal vez no prueben cosas nuevas por miedo al fracaso. Pueden sentirse avergonzados de forma que se coarte su creatividad o su capacidad de generar opciones para dar solución a problemas simples o complejos. Pueden consentir tanto la autoridad de otra persona que no desarrollan la conciencia de lo que está bien para *ellos*. Puede que no reconozcan sus propias necesidades, talentos y metas.

Veamos un ejemplo: la madre de mi clienta Frieda esperaba que limpiara la casa e hiciera otras tareas los sábados. Obviamente, eso no es nada malo, pero su madre era muy perfeccionista con la limpieza y casi siempre encontraba fallos en lo que hacía. Puede que Frieda no hiciera las tareas en el orden adecuado, que no usara los utensilios apropiados o que simplemente lo hiciera mal. Cuando le pedía a su madre instrucciones o consejos (por ejemplo, «¿qué hago antes, aspirar o limpiar el polvo?»), ella nunca le daba una respuesta clara. Le decía: «Llevas suficiente tiempo viviendo aquí como para saber cómo hacer todo esto a estas alturas». Obviamente, no era así, ya que su madre le decía a Frieda que lo hacía mal todas las semanas. Posteriormente, ya de adulta, Frieda estaba preocupada por su dificultad para mantener el orden en casa o en la oficina. Me decía que sentía que nunca lo haría suficientemente bien, así que... para qué intentarlo. Conseguía mantenerlo todo organizado durante un breve periodo y, después, se daba por vencida de nuevo. Se sentía abocada al fracaso.

Si reconoces tu propia crianza en los párrafos anteriores, es probable que los sentimientos de amenaza y peligro hayan tenido un papel decisivo en tu vida. Recuerda también que cualquier factor que contribuyera al estilo de apego predominante en tu vida actualmente puede haberse producido antes de que pudieras formar recuerdos o crear una historia sobre lo que ocurría. Si nunca has tenido mucho acceso a una sensación psicológica de seguridad, seguramente se trata de un problema continuado y crucial. En este sentido, quiero ofrecerte ahora una práctica reparadora para ayudarte a acceder a una sensación de estar protegido y tener apoyo. Lo creas o no, normalmente es posible fomentar y recuperar una sensación fundamental de seguridad, independientemente de lo agitada o dolorosa que fuera tu niñez. Si esto te parece improbable, te invito a intentar este ejercicio y ver qué ocurre.

EJERCICIO El protector competente

Busca un sitio adecuado para sentarte. Respira profundamente un par de veces, relájate y empieza a sentir tu cuerpo ahí sentado. Observa el peso de los pies sobre el suelo y del resto del cuerpo sobre la silla. ¿Qué sientes? Mueve los dedos de los pies, ponte cómodo y sintoniza con tus sensaciones corporales. Nota cómo la silla soporta el peso de todo tu cuerpo: no tienes que hacer nada ahora mismo más que estar ahí sentado, prestar atención y darle una oportunidad a este ejercicio. Ahora, repasa tu historial de relaciones; no en busca de heridas que puedas haber identificado al leer el contenido de este capítulo, sino todo lo contrario. Quiero que recuerdes a cualquier persona de tu vida que haya sido realmente protectora y segura; alguien en quien pudieras confiar, aunque fuera solo temporalmente. Es alguien que te cuidaba, pero no de manera silenciosa o pasiva, sino que salía en tu defensa, actuaba a tu favor o te apoyaba en tus intentos de protegerte a ti mismo. Esta persona era «competente» en el sentido de que contabas con su apoyo de una forma que realmente te ayudaba.

Invoca la presencia de esta persona en la habitación. No importa quién sea: tu abuela, una profesora, un mentor, un amigo, un perro o un desconocido. Esta persona hizo algo por ti (quizás incluso de forma regular) que fue destacable. Sabes que puedes confiar en ella. Si necesitas refugiarte en alguien seguro, estará ahí para ti. ¿Qué sientes al traer esta persona a tu conciencia ahora? ¿Dónde y cómo notas la sensación o el sentimiento de apoyo? ¿Sientes más calidez? ¿Sientes que tu corazón se abre y se expande? ¿Sientes que la columna se alarga?

Una de mis clientas, Debra, no podía recordar a nadie así en su vida, pero una vez fue a un médico cuando era adolescente porque tenía síntomas de ansiedad y dolores de crecimiento, y su madre estaba con ella en la sala. Mientras el médico la examinaba, empezó a parecer preocupado y, tras unos instantes, se volvió hacia su madre y le dijo directamente: «Tiene que dejar de pegarle a esta niña». Al principio, Debra pensó que su madre atacaría al médico, porque eso es lo que le habría ocurrido a ella en casa. Sin embargo, su madre simplemente dijo: «Vale, dejaré de hacerlo». Esa corta conversación entre el médico y su madre liberó a Debra de gran parte del maltrato físico que había estado sufriendo. Realizar este ejercicio la ayudó a recordar a ese médico y la profunda influencia que había tenido en su vida gracias a ese breve pero prodigioso intercambio.

Algunos de nosotros nunca hemos tenido a nadie así en la vida, o al menos no podemos recordarlo. No pasa nada. Hay muchas formas de incorporar un protector competente; estoy segura de que encontrarás alguno que funcione en tu caso. Podrías pensar en algún personaje de un libro o una película que te guste, como un arquetipo de guerrero de alguna clase (algunos de mis clientes han elegido al personaje de Mel Gibson en *Braveheart* o al de Judd Hirsch en *Gente corriente*[*]). Dedica algún tiempo a pensar en cualquier representante de la energía protectora que venga a tu mente. Siéntete libre de ser todo lo creativo que quieras. Una clienta, Carly, eligió a la Mujer Maravilla como su protectora. Incluso llegó a imprimir imágenes suyas y las puso en su coche y por su casa (incluido el espejo del baño), para recordar su gran poder y su fortaleza. A Carly le gustaba especialmente el *lazo de la verdad* de la Mujer Maravilla, y se imaginaba que lo utilizaba contra la persona que la maltrataba y le mentía. Otros clientes han recurrido a Superman, Terminator, Hulk y Xena, la princesa guerrera. Algunas personas eligen a un animal que conocen o seleccionan alguno (por ejemplo, un león, un oso o un dragón) que transmite una presencia fuerte y protectora. Sea cual sea el caso, estamos intentando que conectes y te identifiques con el arquetipo de guerrero que prefieras. La idea es acceder a esa sensación de protección en tu experiencia y evocarla.

Si no te viene nadie a la mente, ni siquiera un personaje de ficción, puedes crear a tu propio protector ideal o invocar a tu ángel de la guarda o cualquier otra forma de protección espiritual que funcione en tu caso.

Sea quien (o lo que) sea tu protector, ¿qué cualidades posee? ¿Qué aspecto tiene? ¿Cómo habla? ¿Dónde se sitúa con respecto a ti (delante, detrás, a un lado o al otro)? ¿Es alguien a quien siempre quieres tener cerca o quizá solo aparece cuando lo necesitas? ¿Tienes más de un protector? ¿Todo un ejército detrás de ti? ¿Dos perros guardianes delante? Sigue imaginando a tu protector lo mejor que puedas. ¿Qué cambia en

---

* N. de la T.: *Ordinary People*, en Hispanoamérica *Gente como uno*.

tu experiencia cuando te abres a la posibilidad de sentir que tienes un protector competente? Puede que te relajes un poco, que te sientas más empoderado, que encuentres alivio o incluso que experimentes dolor por no haber tenido suficiente protección en tu niñez. Integra toda la energía protectora a la que tienes acceso ahora que te es posible.

También puedes pensar en cualquier momento en que te hayas sentido protector y hayas actuado en consecuencia con respecto a otra persona. Algunos de los que crecieron en hogares peligrosos tienen una gran capacidad para mantener a salvo a los demás. Al no haber tenido eso ellos mismos, se convirtieron en grandes protectores para otros; ese es su regalo alquímico para el mundo. Puede que lo hagan con sus hijos, sus mascotas o su comunidad, o bien para cierto número de personas que son refugiados en distintas partes del mundo. Observa si te puedes identificar con la manifestación de esta energía protectora. Tú eres quien protege. No vas a permitir que nadie salga herido, se sienta indefenso o quede traumatizado de ninguna manera. Hay algo biológicamente correcto y necesario en este papel. Lamentablemente, no puedes salvar al mundo y proteger siempre a todos, pero sientes que tu potente deseo innato de mantener seguros a los demás es lo correcto. ¿Qué ocurre en tu cuerpo cuando accedes al impulso de proteger a otro ser, de cuidarlo cuando se siente angustiado o tiene problemas? ¿Cómo te sientes? Sumérgete en esta experiencia tan profundamente como puedas.

Bien, ahora imagina que estás protegiendo a tu propio hijo. ¿Qué siente tu hijo al saber que estás ahí como protector competente? Eres su centinela y lo proteges. Tu hijo confía totalmente en que, si algo va mal, estarás ahí para ofrecerle amor y protección, sin hacer preguntas. ¿Qué siente en su cuerpo? ¿Cómo experimenta un sentimiento profundo de seguridad? También puedes intentar esta parte del ejercicio imaginándote como un niño que presencia este intercambio, es decir, entre tú como adulto y tú como niño. ¿Cómo se siente tu niño interior, la parte de ti que sufrió circunstancias aterradoras, al observar tu eficacia como progenitor protector? Algunas personas dicen que sienten que su niño interior de repente se libera de gran parte de su hipervigilancia habitual; ya no tienen que estar tan atentos a los peligros. Ahora hay un adulto que se encarga de todo, así que se pueden relajar un poco. Observa si ocurre eso en tu caso. Lleva tu conciencia a esa posibilidad de la forma más clara que puedas.

También puedes acceder a esa parte de ti que observa todo esto, que ve cómo proteges a los demás. Esta parte tuya puede captar la idea de que realmente existen protectores en el mundo. Deja que esta parte de ti, este observador, evalúe cómo es tener esa sensación de seguridad y protección. ¿Qué cambios se producen en ti cuando te imaginas esto? Establece contacto con el niño que habita en ti. ¿Hay alguna parte de tu cuerpo que se relaje, que deje ir la tensión y las defensas? ¿Puedes sentirte un poco más despreocupado en este momento al imaginar a este centinela que te protege? ¿Cómo se siente tu niño interior al saber que tiene a su disposición una versión adulta de sí mismo? Conecta el niño vulnerable con el adulto protector en tu interior. Permítete contactar con cualquier sensación de alivio o seguridad que surja.

Cuando practiques cualquier parte de este ejercicio, presta atención a lo que ocurre en tu cuerpo. Puedes notar que tus hombros descienden ligeramente o quizá sientas la piel un poco más cálida. A lo mejor respiras de forma más fácil y profunda. Durante un rato –tal vez solo durante un momento– puede que realmente te sientas seguro o al menos sientas la posibilidad de tener protección y seguridad en tu vida. Cuando estés listo para finalizar este ejercicio, vuelve a centrarte en tu entorno de alguna manera. Si te gusta practicar con los ojos cerrados (esto ayuda a algunas personas a visualizar), ábrelos ahora y mira a tu alrededor. Hazte consciente de estar en este momento en el tiempo y el espacio. Independientemente de cómo pongas fin a esta práctica, asegúrate de volver a conectar con tu cuerpo, especialmente con las partes que están en contacto con la silla y con el suelo. Tómate un tiempo para enraizarte antes de seguir con tu día.

Después de hacer este ejercicio –o entre una sesión y otra, si decides realizarlo regularmente– observa si te sientes más seguro en tu vida en general al practicar el hecho de tener un protector a tu lado de esta manera. Algunas personas afirman que se sienten más curiosas, más emocionadas o más interesadas en explorar el mundo. Independientemente de cómo se manifieste tu experiencia, permítete adaptarte a una incipiente sensación de seguridad y observa qué ocurre. Intenta incorporar esa sensación de seguridad cada vez más en tu vida de cualquier manera que te funcione. Con el tiempo, puedes desarrollar una sensación de seguridad en la experiencia diaria e introducirla en tu menú fisiológico.

Quiero compartir un ejemplo de cómo le fue con esto a uno de mis clientes, Jeff. Jeff vigilaba a su joven sobrino Riley mientras nadaba en una piscina con un grupo de revoltosos amigos. Jeff estaba «de guardia» por si las cosas se descontrolaban. Riley, sabiendo que tenía las espaldas cubiertas, podía jugar despreocupadamente. Le pregunté a Jeff, que había recibido malos tratos de pequeño por parte de su agresivo padre, cómo se imaginaba que se sentía Riley sabiendo que su tío actuaba como su protector y red de seguridad. Jeff afirmó: «Bueno, Riley sabe que estoy ahí con todos mis sentidos. Que puede acudir a mí para lo que sea y que lo defenderé de cualquier cosa. Creo que, al contar conmigo, se siente libre para actuar como un niño despreocupado la mayor parte del tiempo».

Entonces, le pedí que imaginara que su niño interior podía ver y asimilar lo buen protector y lo cariñoso que era el Jeff adulto. Jeff tenía experiencia en contactar con su niño asustado, y me respondió: «Sí, está un poco sorprendido de lo fuerte que soy ahora y ve que hago un buen trabajo con Riley. Riley tiene mucha suerte». Después, le sugerí que el Jeff de siete años de edad permitiera que el Jeff adulto actuara como su protector competente. Al hacerlo, se sintió lleno de orgullo y alivio. Algunas lágrimas brotaron mientras aceptaba la energía tranquilizadora y compasiva a la que había accedido en su interior. El niño herido de siete años tenía ahora la compañía del Jeff adulto para protegerlo. Con el tiempo y con más sanación, el Jeff niño y el Jeff adulto se fueron fusionando cada vez más, y le resultó posible sentir sus heridas respectivas, desarrollar sus capacidades y mantenerlas íntegras.

CÓMO RECONOCER EL APEGO DESORGANIZADO

Una vez tuve una clienta llamada Ellie, que había sobrevivido a una infancia plagada de intensa violencia doméstica. De adulta, tenía una gran falta de regulación emocional y problemas con las relaciones. Cuando nos conocimos en nuestra primera sesión, me impactó la gran cantidad de historias personales que tenía Ellie relacionadas con situaciones peligrosas: siempre que se encontraba con una amenaza, iba directamente hacia ella, enfrentándose al peligro una y otra vez. Frecuentaba las zonas más peligrosas de la ciudad como si no tuviera importancia y solía implicarse en relaciones abusivas. Por desgracia, cuando Ellie era pequeña, su relación con el peligro no era optativa. Todos los días, después del colegio, tenía que volver a un hogar aterrador con un padre violento, lo que implicaba hacer caso omiso a su respuesta natural a la amenaza un día tras otro.

Sentí que la primera tarea de la terapia debía ser reestructurar la respuesta a la amenaza de Ellie. Para ayudarla a aprender a alejarse del peligro (en lugar de acercarse a él), le pedí que identificara a las personas de su vida con las que se sentía segura. Mencionó a su amigo Paul. Le pedí que observara en su cuerpo cómo se sentía cuando Paul estaba con ella. ¿Qué ocurría cuando sentía esta presencia segura, atenta y relajada? Ellie empezó a sentir calidez y relajación al recordar toda la amabilidad y bondad de Paul. Al hacerlo, pudo distinguir mejor a las personas y las situaciones asociadas con la seguridad. Entonces, llevamos la atención a lo que sentía en el cuerpo cuando iba a la zona peligrosa de la ciudad, incluidas las miradas lascivas o maliciosas y los empujones que había experimentado por parte de algunos de los sórdidos personajes que se había encontrado allí. Durante la sesión, Ellie empezó a desarrollar e identificar una respuesta fisiológica apropiada ante las situaciones peligrosas. Lógicamente, necesitamos este tipo de señal de respuesta a la amenaza para alejarnos de las situaciones peligrosas o para enfrentarnos a ellas, en caso de ser necesario. Me sentía bastante bien con la sesión; parecía que habíamos logrado una sanación importante en ese breve periodo. Ellie podía detectar el peligro de nuevo como algo independiente de su sensación de seguridad.

Pero cuando volvió la semana siguiente, me contó lo que le había pasado justo después de salir de mi consulta la semana anterior.

Mientras se acercaba al ascensor, sintió miedo de un hombre que estaba esperando y pensó que podría ser peligroso. Le pregunté qué había hecho. Me dijo que se subió al ascensor con él de todas formas (igual que cuando volvía a su casa de niña para encontrarse con su padre violento). No se le ocurrió esperar al siguiente ascensor, bajar por la escalera ni esperar en el baño hasta que el hombre se fuera, o bien volver a mi consulta para buscar refugio. Ninguna de estas opciones surgió en su conciencia. Ellie no pensó en ninguna de ellas porque no eran acciones que se ajustaran a su programación original. Afortunadamente, no le había ocurrido nada, pero esto nos proporcionó un buen material para seguir trabajando juntas. Fue estupendo que pudiera identificar a este hombre como potencialmente amenazador, pero ahora debía dar el siguiente paso, es decir, idear opciones para cuidarse a sí misma y llevar a cabo acciones de autoprotección.

Le ofrecí a Ellie diversas opciones, dejé que las sopesara, que las practicara y que incorporara acciones más seguras hasta que llegó a sentir que podría tomar mejores decisiones por sí misma. No sé si el hombre que vio era realmente peligroso o si simplemente lo percibió de esa forma debido a su pasado con su padre agresivo, pero realmente daba igual; necesitaba recobrar la distinción entre seguridad y amenaza, así como recuperar su respuesta a la amenaza activa de lucha o huida en lugar de ir directamente hacia el peligro como tenía que hacer de pequeña. Con el tiempo, pudo cambiar sus patrones habituales de respuesta al peligro y orientarse hacia la seguridad.

En breve, me centraré en otros métodos para reorientar las adaptaciones desorganizadas. He hecho referencia a Ellie para ilustrar solo una de las muchas formas en que recreamos inconscientemente situaciones de nuestra niñez en la adultez, incluso cuando ciertos comportamientos no nos convienen. El hecho de que conviviera con la violencia doméstica diaria en su etapa formativa modificó su respuesta a la amenaza hasta el punto de que era incapaz de distinguir entre amenaza y seguridad. Esta es una de las muchas formas en que es posible que se exprese el apego desorganizado en la vida adulta. Exploraremos otras formas en que se puede manifestar la adaptación desorganizada en adultos en los siguientes apartados.

Orientación hacia la amenaza

El sistema de apego está diseñado para desarrollarse en un entorno seguro. Cuando experimentamos demasiado miedo durante el crecimiento, todo se puede desequilibrar. La adaptación de Ellie implicaba no poder distinguir entre situaciones seguras y peligrosas, pero otra adaptación contraria sería vivir constantemente en estado de alerta máxima. Podemos estar demasiado centrados en hacer frente a las amenazas, reales o completamente imaginarias. Y podemos estar tan centrados en lidiar con el peligro que resulte difícil conectar con otras personas y desarrollar relaciones gratificantes, especialmente cuando la orientación hacia la amenaza viene acompañada por una emoción intensa (por ejemplo, rabia y terror).

Fisiológicamente, cuando las áreas de nuestro cerebro asociadas con la supervivencia se activan de esta manera, perdemos el acceso a otras áreas del cerebro que están relacionadas con la conexión con otras personas. Cuando esto ocurre regularmente en una etapa temprana de la vida, nuestras habilidades interpersonales no se desarrollan tan bien como deberían, y esto hace que resulte más difícil atraer y conservar relaciones a medida que maduramos.

Egocentrismo y comportamientos de control

Debido a un nivel extremo de caos y conflicto interior, las personas con la adaptación desorganizada pueden ser bastante egocéntricas. Gestionar tanta intensidad supone gran cantidad de enfoque interno, y una de las maneras en que esto se manifiesta es mediante comportamientos de control. Me refiero a ir por la vida sintiendo la necesidad de gestionar y supervisar todas las situaciones y a todas las personas con las que nos relacionamos. Solemos tener la necesidad de ejercer control si contamos con un historial de cosas malas que nos ocurrieron cuando no lo ejercíamos. El comportamiento controlador tiene mala fama, pero tiene mucho sentido si lo piensas. Cuando te enfrentas al trauma en una etapa temprana de la vida, eres demasiado pequeño para defenderte, y no puedes simplemente irte y elegir otros padres. Estás atrapado en una situación increíblemente difícil. Por tanto, creces pensando que si pudieras controlar las cosas, estarías a salvo. Cuanto más mayor te haces y más voluntad tienes, más capaz eres de hacerte cargo realmente de las cosas. Y aprender a ejercer un alto nivel de control sobre los demás normalmente también fomenta el egocentrismo.

Lamentablemente, esta tendencia puede aparecer en las relaciones de formas desagradables. Mantenerse aferrado a una opinión rígida de cómo deben ser las cosas en las relaciones adultas provoca siempre problemas porque nuestras parejas tienen que lidiar con sus propios sentimientos, ideas y heridas. Los que presentan la adaptación desorganizada también pueden recrear inconscientemente situaciones de trauma para sí mismos y las personas cercanas, lo cual puede ser otra forma de controlar la conexión y la relación. Resulta de ayuda saber de dónde proviene esa necesidad de control y tratarse a sí mismo de la forma más amable posible. Si hay alguna persona con la adaptación desorganizada en tu vida, puede que te ayude a comprender su comportamiento a veces difícil el hecho de recordar el contexto del que procede.

Ausencia de control de los impulsos

Curiosamente, las personas con apego desorganizado también pueden ir por la vida con una falta de control, especialmente cuando se trata de sus emociones. Es posible que les resulte difícil gestionar sus sentimientos, lo que conduce a gran cantidad de malos comportamientos. Llevado al extremo, esto puede provocar situaciones nocivas que dañan sus conexiones con los demás. Por ejemplo, en lugar de ser asertivos de forma sana, aquellos con el estilo desorganizado pueden ser demasiado agresivos, tener tendencia a los arrebatos violentos o estar siempre enfadados. No digo que sea algo habitual, pero es un contrapunto intrigante a las personas que sufren la necesidad de controlarlo todo en su vida e ilustra las diferentes formas en que podemos superar el rango de resiliencia o la ventana de tolerancia. También pueden «escapar cuando no hay escapatoria» mediante la disociación y la desconexión del dolor por completo. Finalmente, tener dificultad para gestionar los sentimientos y las reacciones demuestra la importancia de la regulación interactiva temprana, la cual permite la autorregulación más adelante en la vida.

Sensación de fracaso constante

Cuando los padres utilizan una comunicación confusa de forma continuada —y, especialmente, cuando los hijos sienten que están abocados al fracaso—, los niños pueden crecer con una falta de autoestima y sentir que fracasan ante los retos de la vida, tanto grandes como pequeños. A las personas desorganizadas con estos sentimientos a menudo no les gusta probar cosas nuevas porque están convencidas de que fracasarán en cualquier cosa que hagan. Los problemas les pueden parecer irresolubles desde el principio. Obviamente, esto puede provocar muchas dificultades más adelante en la vida, porque tanto estudiar como trabajar implican que regularmente nos encontraremos con problemas y tendremos que resolverlos. El componente fisiológico de este síntoma es similar a la respuesta a la amenaza: cuando te inunda el miedo la mayor parte del tiempo, es mucho más difícil concentrarse en los problemas o lidiar de forma activa con ellos.

Tener acceso al apego seguro y al refugio que lo acompaña en forma de una relación segura no solo tiene que ver con permanecer a salvo todo el tiempo, y no quiero enfatizar la seguridad a costa del crecimiento, el hecho de asumir riesgos y el empoderamiento. Sin embargo, cuando contamos con ese refugio seguro, nos ofrece una plataforma robusta para disfrutar de más confianza para salir al mundo, materializar nuestros dones y realizar nuestras contribuciones particulares. Muchos talentos quedan sin expresar debido a un miedo sobrecogedor al fracaso y el rechazo. Los refugios seguros nos pueden permitir resolver nuestros problemas y retos, así como convertir las limitaciones incapacitantes en expansión y empoderamiento crecientes.

Confusión y conflicto interno

La adaptación desorganizada va unida a una gran confusión, tanto cognitiva como emocional y somática. Esto tiene sentido si se tiene en cuenta que el problema fundamental del apego desorganizado es que hay dos impulsos biológicos básicos en constante conflicto. Tenemos un impulso instintivo de conectar con los demás, pero también estamos programados para evitar el peligro y sobrevivir. Cuando hay un exceso de miedo en nuestro patrón original, podemos sentir que las relaciones son fundamentalmente peligrosas, y aun así tenemos el deseo de conectar. A menudo, esto se manifiesta de maneras que nos resultan difíciles de entender. En un momento nos sentimos disponibles para la intimidad y la conexión, y al siguiente algo nos provoca o tenemos miedo de que

algo vaya terriblemente mal. La propia intimidad puede desencadenar los sentimientos de amenaza de nuestro escenario de apego
original. Cuando esto ocurre, podemos quedarnos atrapados en
dinámicas de acercamiento-evitación que son muy confusas para
nosotros mismos y para nuestras parejas. Como mencioné anteriormente, el sistema de apego siempre está en funcionamiento.
A medida que vamos confiando más en nuestra pareja y viceversa,
nos convertimos en la figura de apego principal del otro y estamos
más convencidos de que no perderemos la relación. Cuando nuestro sistema de apego reconoce a la otra persona como más permanente, podemos conectarnos con los recuerdos de nuestras figuras
de apego primarias. A veces, la relación va bien al principio. Pero,
con el apego desorganizado, puede surgir una alarma de peligro si
la intimidad alcanza cierta profundidad. De repente, aparecen estos detonantes relacionados con la intimidad; nuestra pareja, que
hasta ese momento nos hacía sentirnos cómodos, ahora nos asus-
ta. La mayor parte del tiempo, esto implica recuerdos corporales
que no tienen ninguna historia concreta ligada a ellos. De pronto,
nos da miedo alguien a quien también amamos profundamente, y
esto puede resultar extremadamente confuso para todos los implicados.

Desasosiego y respuesta de bloqueo

La respuesta de bloqueo es una marca distintiva del apego desorganizado, pero también es habitual en personas con cualquier
estilo de apego que han sufrido traumas significativos. Cuando el
sistema de apego se contrapone al instinto de supervivencia, puede dar lugar a una respuesta de bloqueo. Es posible que te hayas encontrado con diferentes términos para hacer referencia a
la respuesta de bloqueo: Peter Levine utiliza «inmovilidad tóni-
ca»[3] y Stephen Porges la denomina «bloqueo dorsovagal».[4] En esta

situación de gran tensión, una parte de nosotros quiere avanzar y otra quiere huir. Imagina intentar conducir un coche así. Si pones un pie en el acelerador y otro en el freno, ¿qué ocurre? El motor se revoluciona, pero el coche lucha contra sí mismo; no es posible moverse y el motor podría llegar a quemarse. Desde fuera, parece que alguien está sentado en un coche que no se mueve. Incluso podría parecer que la persona está relajada. Pero, si se examina la situación de cerca, es evidente que hay una gran tensión debida a los impulsos contradictorios. El sistema nervioso simpático quiere actuar de forma enérgica y defensiva, mientras que el sistema nervioso parasimpático intenta echar el freno. Una respuesta de bloqueo podría parecer estacionaria y pasiva, pero se trata de una situación de activación exacerbada. Es un estado extremo de encontrarse «atrapado» que suele ir asociado a mucho miedo, disociación e inmovilidad, o incluso parálisis. Cuando esto ocurre, no es inusual que las personas pierdan la capacidad de oír o hablar (el nervio craneal que activa la laringe y el oído interno puede llegar a dejar de funcionar). En el mejor de los casos, quienes viven con esta adaptación pueden tener dificultades para comunicar su angustia y permanecer presentes durante estos episodios.

Para las personas con apego desorganizado, la respuesta de bloqueo no es una decisión consciente, y se puede producir en cualquier momento que se sientan abrumadas. Tuve una clienta, Amanda, que de niña sufrió incontables arrebatos violentos por parte de su madre. Solía bloquearse cuando esto ocurría, hasta tal punto que su hermana empezó a llamarla «niña zombi». Cuando nos enfrentamos a una amenaza, podemos quedarnos inmovilizados como el típico ciervo deslumbrado por los faros de un coche; esto corresponde a una condición fisiológica extrema que Stephen Porges relaciona con la preparación biológica de nuestro cuerpo para la muerte.[5] Evidentemente, permanecer en la respuesta de bloqueo mucho tiempo no es lo ideal. Estamos diseñados para que exista una fluidez entre la regulación de los sistemas nerviosos simpático y parasimpático, así como entre la conexión y la soledad en relación con la dinámica del apego seguro, pero el trauma puede impedir estas dos cosas de formas muy marcadas.

CÓMO CONTRARRESTAR LOS PATRONES DESORGANIZADOS

La buena noticia es que es posible separar el sistema de apego del impulso de supervivencia. En este apartado te ofreceré algunas formas de contrarrestar los patrones desorganizados personalmente y, además, te proporcionaré herramientas para ayudar a las personas importantes de tu vida que puedan estar luchando con esta adaptación de apego. Asimismo, hay un par de ejercicios adicionales para ayudarte a recuperar una sensación práctica de seguridad y protección. Puedes aprender a relajarte, enseñar a tu sistema de apego a conectar con personas seguras y, simultáneamente, protegerte de las amenazas y los peligros.

Cómo contrarrestar la respuesta de bloqueo

Cuando tengo un cliente que experimenta una respuesta de bloqueo, lo primero que hago es dar por sentado que le ha ocurrido algo aterrador que lo ha llevado a un estado fisiológico de tal intensidad. A partir de ahí, empleo diversas técnicas para reducir su activación y permitir que recupere cierta movilidad. En el estado de bloqueo, que es un estado de conservación de energía, nuestros cuerpos reducen la ingesta de oxígeno, lo cual significa que no respiramos de manera profunda. Para una persona en el estado de bloqueo puede ser beneficioso respirar profundamente, pero es incluso mejor volver a una mayor sensación de seguridad y, desde ahí, de forma natural se reanuda la respiración normal por sí sola. La respuesta de bloqueo también se puede asociar con sensaciones de frío, letargia, depresión y, con frecuencia, disociación. Cuando se produce alguno de estos síntomas, siempre es buena idea mover el cuerpo. Incluso los movimientos físicos más leves ayudarán a alguien a salir de la respuesta de bloqueo.

Tuve una clienta llamada Katie con un historial de trauma grave. Uno de mis primeros objetivos en la terapia fue ayudarla a obtener un sentido básico de los límites, así que hice que se sentara en el suelo y creé un contorno a su alrededor –una zona segura– con lana. Fue un buen comienzo; Katie empezó a integrar una sensación básica de protección gracias a este ejercicio. Quería ver cómo se sentía cuando traspasara ligeramente estos límites, así que acordamos que haría rodar una pelota de trapo hacia ella. Esto puede sonar inusual, pero lo delicado de trabajar con las heridas de apego es que en gran parte son inconscientes. Por ese motivo, a menudo hay que crear situaciones que nos permitan echar un vistazo a lo que hay codificado en el cuerpo, y entonces podemos trabajar a partir de ahí.

En este caso, le di a Katie un aviso e hice rodar esta pelota lentamente en su dirección. En el primer intento, Katie entró en pánico y en estado de bloqueo como respuesta a este «ataque» aparentemente inofensivo. Esto nos proporcionó gran cantidad de información sobre lo que había experimentado repetidamente en su niñez. Simplemente, carecía de la sensación de seguridad; no había tenido a nadie que la protegiera o la ayudara a desarrollar una respuesta defensiva. Por tanto, practicamos algunas respuestas físicas. Le sugerí que utilizara los brazos y las manos para mantener la pelota fuera de su zona segura, y Katie finalmente consiguió apartarla cuando se le acercaba. Mediante la práctica de movimientos sensoriomotrices elementales de defensa como este, empezó a sentirse empoderada y, al cabo de un tiempo, este juego comenzó a resultarle divertido. Esto puede que no parezca gran cosa para la mayoría de la gente, pero para Katie fue un cambio significativo con respecto a su respuesta habitual de inmovilidad y disociación. Pasó de respuestas pasivas a respuestas activas y fortalecedoras. Con el paso del tiempo, pudo tener más acceso a su sistema nervioso simpático y soltar el freno del parasimpático, por así decirlo. Aprendió acciones cada vez más defensivas y de autoprotección, así como gestos para recurrir a otras personas, de manera que adquirió una gama cada vez más amplia de respuestas al margen de bloquearse cuando sufría estrés. Como aprendí de Peter Levine, es importante trabajar con la memoria procedimental y activar las respuestas defensivas antes de intentar procesar estados emocionales acentuados. Lograr esto ofrece a una persona el apoyo y el empoderamiento necesarios para lidiar con sus emociones intensas.

Por otro lado, a veces tenemos respuestas defensivas habituales que aparecen de forma inconsciente en nuestras relaciones. Hablo de gestos físicos reales de los que ni siquiera somos conscientes. Puede que deseemos estar cerca de alguien, pero todas nuestras señales físicas indican que queremos que se aleje.

Tuve otro cliente, James, que era trabajador social. Se dedicaba a la terapia familiar y se le daban muy bien los niños pequeños. Con los adultos, era un poco distante, especialmente con las mujeres, que parecían asustarlo o confundirlo. Había tenido dificultades para establecer relaciones íntimas en su vida, e incluso estaba empezando a preguntarse si tenía capacidad para ello. Le gustaba ver programas de televisión donde aparecían relaciones románticas, pero nunca había tenido una realmente. Le pregunté si había alguien en su vida en quien confiara. ¿Quién estaba ahí para apoyarlo? ¿Con quién se sentía más conectado? James identificó inmediatamente a su buen amigo Ron. Hacían muchas cosas juntos y realmente lo pasaban muy bien.

Intenté un experimento con la pelota distinto en esta ocasión. Elegí una pelota de fisioterapia (una pelota grande para hacer ejercicio) y abrí la puerta de mi consulta. Salí al recibidor con la pelota y le pedí a James que se imaginara que la pelota era su amigo Ron. Le pedí que me dijera cuándo le parecía bien que empezara a rodar la pelota hacia él y cuándo prefería que parara. Le dije que observara lo que sentía en el cuerpo según se le iba acercando la pelota. Cuando estuvo listo, empecé a rodarla lentamente hacia James y, cuando solo me había acercado un poquito con la pelota, arqueó la espalda en la silla y extendió los brazos rígidamente con los dedos de las manos muy separados y las palmas abiertas y levantadas de forma defensiva, como si tuviera que parar o empujar a alguien.

Cuando le dije a James que reflexionara sobre esta respuesta física aparentemente evidente, no tenía ni idea de lo que hablaba. Era completamente inconsciente de haber estirado los brazos de forma defensiva, lo cual indica que este movimiento protector estaba en la memoria implícita inconsciente. Llevé su atención hacia el gesto, exploramos lo que significaba y, después de un rato, intentamos de nuevo el ejercicio, pero esta vez James estaba decidido a observar lo que hacía con el cuerpo. Lentamente, acerqué un poco la pelota que representaba a Ron, más o menos la misma distancia que antes, y de nuevo James expresó la misma respuesta. Sin embargo, en esta ocasión pudo darse cuenta de lo que estaba haciendo de forma automática con los brazos. Estaba atónito. «Puedo verlo —dijo—. Realmente parece que no quiero que Ron se acerque más a mí, pero lo cierto es que me cae muy bien y quiero que esté cerca». Su reacción de apego tenía muy poco que ver con Ron; lo más probable es que procediera de lo que le ocurriera a James en la primera etapa de su vida.

Entonces, le pedí que arqueara la espalda y extendiera los brazos de forma defensiva para que sintiera cómo era estar en esa posición. James pudo sentir la necesidad física de espacio, tanto que sintió que tenía que defenderse frente a la intrusión. Tengamos en cuenta que no estamos hablando de desvelar ningún tipo de historia sobre lo que ocurrió; de hecho, no habría sido posible revelar esas experiencias preverbales de todas formas. En este caso, James no tenía recuerdos concretos a los que pudiera acceder en relación con la amenaza o la intrusión. Era más importante para él identificar los sentimientos en sí, empezar a establecer conscientemente una sensación de tener límites seguros y restaurar su capacidad de conectar, tanto en el presente como en el futuro.

James y yo continuamos trabajando en diversos gestos físicos y expresiones verbales de marcaje de límites (extender los brazos de forma defensiva y decir «no» o «vete»), así como gestos de apego, como abrir los brazos de forma receptiva para fomentar la conexión. Hice que alternara entre ambas cosas y se acostumbrara a ellas porque necesitamos estas dos respuestas en la vida: necesitamos los gestos y las palabras que protegen nuestros límites, pero también queremos ser capaces de dar la bienvenida a otras personas. Al contrario que Katie, principalmente era este último movimiento el que James necesitaba evocar e incorporar. Al hacerlo, pudo abrir su corazón a Ron a un nivel fisiológico. Como resultado, pudo ser más cálido y sentirse mejor al conectar con Ron y, gradualmente, abrir la puerta a disfrutar de más relaciones.

Cuando nuestros patrones de apego se activan, podemos hacer todo tipo de cosas inconscientes. Es importante pasar de las respuestas defensivas a las amables para dejar entrar a las personas que amamos. Obviamente, tenemos que desarrollar una distinción clara entre lo que es seguro y ayuda a conectar, y lo que es peligroso e intrusivo. Necesitamos programar gestos para ambas cosas en nuestro cuerpo.

Quería hablar sobre Katie y James aquí para dar una idea de algunas de las formas en que enfoco este trabajo. Espero que estos ejemplos te animen a activar tu propia creatividad en tu camino particular hacia la sanación. Te invito a desarrollar tus propias ideas interesantes para ampliar la sensación de seguridad, además de formas innovadoras de ayudar a otras personas cercanas a ti que tengan el estilo de apego desorganizado.

Restauración de límites

El trabajo que he descrito con Katie es un ejemplo de la restauración o el restablecimiento de la sensación de tener límites. La piel es un ejemplo perfecto de lo que se supone que debe hacer un límite. Existe una clara división entre lo que está fuera del cuerpo y lo que se supone que debe estar dentro, y la piel hace un gran trabajo en ese sentido. Pero nuestra piel no es una coraza blindada; puede dejar entrar y salir cosas, en caso de ser necesario. Tiene el grado justo de permeabilidad, de forma que permite que entren las cosas necesarias, como la vitamina D de la luz del sol, y deja salir la transpiración. Y, cuando se produce algún tipo de intrusión (por ejemplo, un corte en un dedo), el cuerpo pasa a la acción para protegerse y repararse con infinidad de métodos ingeniosos. Se pueden aplicar vendajes o puntos, de ser necesario, para mantener la integridad de este límite fundamental. Esto es imprescindible para que se produzca la sanación y para nuestra supervivencia.

También tenemos límites energéticos que son de igual importancia para poder sobrevivir y desarrollarnos en este mundo, aunque normalmente no son tan obvios. No obstante, pueden resultar obvios cuando entran en juego las diferencias culturales. En Argentina, la gente no se siente físicamente incómoda con otras personas hasta que están a alrededor de 75 centímetros de distancia, pero los rumanos guardan un espacio personal de casi el doble.[6] También puede resultar evidente cuando nosotros o alguien que conocemos vivimos con límites dañados, lo cual es característico del apego desorganizado o de los traumas sin resolver en general. Los individuos con este estilo de apego suelen haber sido dañados o traumatizados por otras personas en su vida, normalmente antes de lo que alcanza la memoria. Han sido invadidos de alguna forma crucial (gritos, malos tratos o abusos sexuales), y rehabilitarse de estas heridas implica gran cantidad de restauración de límites. Desarrollar una sensación de límites íntegros es una de las maneras de reconocer una sensación de seguridad, y la seguridad es fundamental cuando se trata de conectar con los demás. Cuando restauramos nuestros límites después de que se hayan dañado, reconectamos con una sensación profunda y necesaria de seguridad. Es maravilloso tener esta sensación de que nuestros límites están intactos y funcionan bien. Nos otorga una especie de «piel energética» que nos mantiene seguros cuando salimos a explorar el mundo.

Ahora quiero proponer un ejercicio que implica explorar el espacio a tu alrededor y ver qué sientes. Utilizarás mucho los brazos (recuerda que mi trabajo con Katie y James tenía mucho que ver con cómo usaban o no usaban los brazos), así que encuentra un sitio cómodo y pruébalo.

EJERCICIO La esfera protectora

Elige el brazo derecho o el izquierdo (solo uno de los dos; llegaremos al otro en un momento) y extiéndelo delante de ti. Mantén el brazo estirado como si quisieras tocar a alguien para conectar o quizá para recibir un regalo de esa persona. Es un gesto simple que no tiene relación con nadie en particular. ¿Cómo te sientes? ¿Te sientes bien y seguro, o quizá vulnerable y asustado? Ahora, inténtalo con el otro brazo. Imagina que a través de él vas a recibir amabilidad, bondad o algún tipo de conexión afectuosa. ¿Qué ocurre en tu cuerpo al hacerlo? Ahora, cuando estés listo, extiende ambos brazos. Primero, inténtalo con los brazos completamente abiertos y, después, pasa a un gesto en el que tus brazos están más cerca entre sí. Observa de nuevo lo que ocurre. ¿Te sientes relajado? ¿Hay tensión en tu cuerpo y estás a la defensiva? Presta atención a lo que surja.

Como necesitamos sentirnos conectados pero a la vez saber que podemos mantener límites saludables, vamos a intentar un gesto opuesto. Coloca tu mano derecha delante de ti como para defenderte. Este gesto puede comunicar una sensación de «no», «vete» o «aléjate de mí». Las palabras puede que surjan más adelante. Ahora, deja que tu mano izquierda se una como si estuvieras marcando un límite real en el espacio a tu alrededor. Imagina que estás en una esfera protectora que rodea tu cuerpo a la distancia de tus brazos extendidos. Siente el interior de esta esfera de energía. Este es tu límite energético. Permite que tus manos exploren este espacio seguro, tocando sus paredes con las palmas de las manos y sintiendo todas las partes de este globo de protección a tu alrededor: arriba, abajo, delante y detrás. Gira lentamente para poder sentir todas las partes de tu esfera.

Hazte una idea de cómo es este espacio. ¿Qué sientes en el cuerpo? ¿Te sientes más seguro y, si es así, dónde lo notas? ¿Tienes alguna sensación de empoderamiento? ¿Alguna de las direcciones te hace sentir más seguro que las otras? Tómate un momento para explorar la esfera y determina si hay alguna dirección o vector que te haga sentir más protegido y más seguro que el resto. Siente los bordes de esa parte del espacio. ¿Te viene alguien a la mente cuando lo haces?

Si ya has hecho el ejercicio de «El protector competente», presentado anteriormente en este capítulo, intenta visualizar a tu protector personal en este momento. Imagina que está en el borde de la esfera. Observa si esto te ayuda a que la esfera se expanda de alguna manera.

A veces, cuando la gente hace este ejercicio, recuerda de forma espontánea rupturas de los límites de las que no tenían conocimiento o en las que no habían pensado en mucho tiempo. Si te ocurre esto, ten en cuenta que es normal y que la experiencia podría convocar sentimientos potentes y palabras de protección. Por ejemplo, podrías encontrarte diciendo cosas como «para», «déjame en paz» o «vete». Cualquier palabra que surja está bien. Puedes decirlas en voz alta o imaginar que tu protector competente las pronuncia. Elijas lo que elijas, siente lo que ocurre en tu cuerpo y en la esfera de seguridad. ¿Te sientes más fuerte, más seguro? ¿Parece como si la esfera se expandiera? ¿Hay más partes del espacio a tu alrededor a tu disposición que estén más intactas?

Si este ejercicio te resulta especialmente difícil (por ejemplo, si te produce una sensación de agobio o los recuerdos de intrusión son abrumadores), te recomiendo intentarlo con alguien en quien confíes. Pídele que te ayude de cualquier manera que te resulte beneficiosa. Aunque no haga nada, puede que te ayude a centrarte el simple hecho de saber que hay alguien contigo, alguien en quien puedes confiar.

La finalidad de este ejercicio es contribuir a reconectar con una sensación profunda de seguridad. Es sumamente importante recuperar la sensación de sentirse protegido para realmente ser capaz de sentirla en el cuerpo. Este ejercicio también fomenta los límites saludables e íntegros. A medida que aumente tu regulación, será menos probable que se produzca un bloqueo en una respuesta a la amenaza, lo cual, a su vez, significa que serás más capaz de sentir tus límites energéticos.

Cómo ayudar a los demás

Puede que no te identifiques con la adaptación desorganizada, pero quizás otras personas cercanas a ti vivan con este estilo de apego. Claramente, este libro no tiene la finalidad de servir como guía definitiva para ayudar a estas personas (ni a nadie en concreto, de hecho) pero, si quieres fomentar la seguridad en los demás, te recomiendo encarecidamente probar los siguientes hábitos (también ofreceré más sugerencias para las relaciones románticas en el siguiente capítulo). Si tú tienes el estilo desorganizado, espero que te sientas empoderado para solicitar lo siguiente de las personas a las que amas:

Comunicarse de forma simple y clara. Como se ilustra al principio de este capítulo, las personas con apego desorganizado a menudo crecen en hogares con mensajes mezclados y confusos. Por este motivo, es importante ser lo más claro y directo posible al hablar, especialmente en lo referente a instrucciones o indicaciones, o cuando tu pareja o tu hijo parece bloqueado por la indecisión o la confusión. Esto se produce de forma especialmente intensa en el estado de bloqueo, en el que se puede tener dificultades para encontrar las palabras adecuadas, responder o incluso formar pensamientos básicos.

Cuando esto ocurre, dar a la persona desorganizada el menor número de opciones posible es la mejor idea. Incluso en un estado de menor intensidad, puede tener problemas para elegir dónde ir a cenar entre diversos restaurantes que le gustan y, cuando está estresada, es mejor reducir las opciones a dos o tres como máximo. Recuerda también que debes describir y explicar las cosas a los niños con conceptos y palabras adecuados para su edad.

Ser consciente del tono de voz. La forma en que usamos la voz —especialmente la prosodia o el tono de voz— comunica seguridad o peligro a los demás. Una voz melódica que emplea una modulación y una entonación fluidas fomenta una sensación de seguridad, mientras que una voz monótona o robótica se recibe como fría, insensible y, en algunos casos, amenazadora. A menudo utilizamos un tono de voz más musical con bebés y animales, subimos y bajamos el tono de voz para demostrar afecto de una forma exagerada y cantarina. No sugiero ir por ahí usando este tipo de voz con los adultos, pero modular el tono ayudará sin duda al hablar con los demás.

Piensa en cómo cambia la voz de las personas cuando están enfadadas o se sienten en peligro; es una señal evolutiva para la comunidad de que algo va mal. Cuando existe peligro, estamos diseñados biológica y evolutivamente para cambiar nuestro tono a fin de alertar a la tribu. Las voces de las mujeres tienden a ser estridentes y agudas, mientras que los hombres bajan el tono y gritan más, produciendo una voz atronadora. Esto alerta inmediatamente a los demás de que hay un peligro, de que deben dejar de hacer lo que estén haciendo y prepararse para defenderse. Pero cuando la voz hace esto debido al estrés durante una discusión o un conflicto con nuestra pareja

—una persona relativamente segura (esperemos) a quien amamos—, puede activar con facilidad su respuesta a la amenaza, haciendo que entre en el estado de lucha o huida. Por tanto, si deseas la reconciliación y un resultado positivo para tu relación, te beneficiará tener cuidado de cómo usas tu voz. Practicar una voz tranquilizadora, reconfortante y bien modulada reducirá la sensación de amenaza en tu pareja cuando intentes solucionar problemas de intimidad o asuntos relacionados con la relación. Las voces estridentes o atronadoras fomentan la sensación de amenaza y activan la amígdala (o cerebro reptiliano), que se encarga de producir respuestas de supervivencia, lo que hace que nuestra pareja nos parezca un enemigo en lugar de la persona amada.

Practicar el contacto seguro. Usar el contacto de forma afectuosa y consciente de los límites de otra persona también genera una sensación de seguridad. El contacto físico amplifica cualquier cosa que podamos expresar verbalmente. En su libro *¡Zasss! Cómo sacar el máximo partido a la primera impresión que causas, a tu carisma y a tu lenguaje corporal*, Patti Wood dice que comunicamos la regulación a través del contacto regulado. Es decir, cuando estamos regulados en nuestro propio cuerpo, podemos transmitir la regulación fisiológica incluso con un apretón de manos. La clave es estar centrado y enraizado en tu propio sistema nervioso (dentro de tu rango de resiliencia) antes de usar el contacto de esta forma. Wood afirma que un simple apretón de manos regulado puede ofrecer más regulación que tres horas de conversación alentadora y empoderada.[7] El contacto seguro puede ayudaros a ti y a tu pareja a regularos mutuamente. No obstante, debes ser consciente de que si tu falta de regulación es importante, podrías llegar a afectar a la regulación de otra persona al tocarla. La química o la energía de tu cuerpo o del suyo se comunica de una forma tangible, así que recuerda la importancia de tomarte un tiempo para establecer tu propia regulación antes, si puedes hacerlo. Piensa en cómo son los abrazos reguladores cuando la otra persona está calmada, es cariñosa y resulta segura. No hablo de esos abrazos rápidos con palmaditas en la espalda, sino de los que implican un contacto completo con el abdomen pegado al de la otra persona. Inténtalo con alguien cercano a ti. Puedes sentir cómo este tipo de contacto permite una regulación corporal mutua.

Una técnica que uso a menudo con mis clientes es empezar por sentarme junto a ellos. Durante unos momentos siento qué tal está esa persona —me hago una idea de su energía, por así decirlo— y dejo que se acostumbre a mí. Le pregunto si le parece bien que le coloque la palma de la mano cerca de la espalda, entre las escápulas, empezando en su campo energético aproximadamente a unos diez centímetros de su piel, confirmando con ella cómo se siente. Si esto va bien y me da permiso, pongo suavemente la mano sobre su cuerpo y encuentro la presión adecuada, ya que pasarse o quedarse corto puede suponer una gran diferencia. También le pido que me indique el mejor punto de la espalda, y muevo la mano en consecuencia. Al hacerlo, ajusto mi contacto en sintonía con su petición, de modo que tiene la experiencia de satisfacción de sus necesidades a la vez que le transmito seguridad, presencia y cuidado. Para tener un apoyo continuado, podemos enseñar a nuestra pareja o familiares a hacer esto.

Mirar a los demás (y usar las expresiones faciales) con cariño. La forma de usar la cara al expresarnos también puede comunicar una sensación de seguridad a nuestra pareja. Los ojos tienen una importancia especial. ¿Recuerdas la mirada encendida, esa mirada de apego seguro de la que hablé en el primer capítulo? Implica mucho contacto visual, por supuesto, pero también una mirada que expresa aprecio, amor y una sensación de que la otra persona es especial. Como ya he mencionado, es importante invitar a este tipo de conexión solo cuando la persona está dispuesta, y no por ejemplo cuando siente vergüenza o culpa, lo cual se manifiesta mediante el rechazo al contacto visual. Con frecuencia, la vergüenza o la culpa se tienen que procesar un poco antes de poder establecer una conexión afectuosa con una mirada de apego. Estos mensajes no verbales de conexión y amabilidad realmente activan la respuesta de seguridad de los demás.

Piensa en la diferencia en la cara de tu pareja cuando está enfadada (ceño fruncido y tensión) y cuando está feliz de estar contigo (sonrisa, ojos muy abiertos y brillantes). Las personas leen la mirada y las expresiones faciales todo el tiempo, incluso aunque no sean conscientes.

Ahora que hemos identificado algunos marcadores de seguridad y cómo se pueden transmitir a los individuos con la adaptación desorganizada, quiero proponer el último ejercicio de este capítulo. Si te identificas con el apego desorganizado, te recomiendo leer las instrucciones por completo antes de pasar a la práctica. Si piensas que puede ser demasiado para ti, no dudes en saltarte este ejercicio y volver a él cuando te sientas más preparado. Busca el apoyo de un amigo, tu pareja o un terapeuta capacitado si lo deseas. Una vez más, es importante no exigirte demasiado y practicar la compasión hacia ti mismo siempre que puedas.

EJERCICIO   El oasis de los aliados del apego

Un «oasis de los aliados del apego» es un lugar donde todos estamos razonablemente a salvo, donde sentimos que podemos conectar con los que nos rodean con relativa facilidad y con comodidad. Aunque no podamos llenar una isla o un oasis con las personas que queramos en la vida real (¡ojalá fuera posible!), este ejercicio ofrece un recurso magnífico para conectar con tu red de apego seguro mediante el poder de la imaginación, que beneficiará al sistema nervioso.

Empieza por pensar en todas las personas de tu vida con las que sientas seguridad. Estas personas son tus aliados; quieren lo mejor para ti y velan por tus intereses. Podría ser alguien que conozcas desde hace mucho tiempo o desconocidos que te has encontrado en algún momento de tu vida. Toma nota de todas las personas que vengan a tu mente e imagínalas a tu alrededor: a tu izquierda, a tu derecha, delante y detrás de ti. Así creas tu oasis de aliados, pero también necesitas una ubicación específica para colocarlos a todos y poder orientarte allí. Elige una ubicación e imagínatela con todos los detalles que puedas. Una de mis clientas, Connie, vio a todos sus cordiales aliados relajándose a su alrededor en un muelle flotante, lejos de cualquier perturbación. Cuando posteriormente empezamos a procesar recuerdos dolorosos, ella podía llevar su atención al muelle lleno de amigos para obtener alivio y regulación. Otro cliente, Ken, sentía mucho apoyo al imaginarse a sus dos perros, uno a cada lado.

Las personas que has reunido representan todo tipo de cosas maravillosas: seguridad, presencia, empoderamiento, protección, alegría, aceptación y pertenencia. Tómate un momento ahora para sentir cómo es saber que están todos ahí.

¿Qué pasa en tu cuerpo? Puede que sientas más calidez, el corazón más abierto, más recursos y resiliencia, o que simplemente sonrías y disfrutes de la conexión con tus aliados. Tómate tu tiempo para hacer esto y siente todas las sensaciones poderosas que surjan.

Ahora que tienes acceso a este magnífico oasis con estas personas que te apoyan, vamos a intentar algo nuevo, y puede que te dé un poco de miedo. Quiero que recuerdes a tus cuidadores, las personas que te criaron y que tenían comportamientos o respuestas no del todo ideales contigo mientras crecías. Recuerda que, en cualquier momento a lo largo de este ejercicio, puedes llevar tu atención al oasis de aliados con todo su apoyo. Puede que te centres en tu padre (puedes ajustar este ejemplo para que se adapte a tus circunstancias concretas). A lo mejor te quería a su manera, pero digamos que tenía tendencia a gritarte cuando se enfadaba. Parte de nuestro objetivo ahora es separar esas dos cosas entre sí.

La parte cariñosa de tu padre está bien, por supuesto; no es probable que esa parte te cause problemas. Pero vamos a poner un poco de distancia del aspecto de tu padre relacionado con los gritos y a colocar ese comportamiento lo más lejos posible de ti, o al menos todo lo lejos que tu cuerpo quiera que esté. Por tanto, sea cual sea tu versión de esto (puede que fuera tu madre quien te gritara), crea el espacio que necesites. ¿Cuánta distancia quieres con respecto a esta persona? A algunos les gusta imaginarse el comportamiento amenazador lo suficientemente cerca como para poder vigilarlo, mientras que otros eligen llevarlo al borde del universo en constante expansión. Busca lo que sea adecuado para ti. Ubica a la persona con su comportamiento negativo allí.

Cuando establezcas la ubicación y la distancia, quiero que congeles la imagen de la persona con su comportamiento dañino allí. En este caso, congelas a tu padre gritando. Puedes meterlo en un bloque de hielo para no escucharlo. Con esta amenaza congelada, él no puede moverse, pero tú sí. Quizá tu padre tenga la boca tapada en esta escena que estás creando o tú tengas un mando a distancia extremadamente poderoso que silencia sus gritos cuando quieres. Puedes imaginarte cualquier cosa que desees que te ayude a sentirte protegido de este elemento perturbador. Si quieres, puedes gritarle: «¡Para!». Sirve cualquier cosa que te funcione, siempre que inicies y completes respuestas de autoprotección. Está bien disfrutar del alivio. No estás haciendo daño a nadie, puesto que todo es imaginario, y puede resultar muy útil liberarte del miedo.

Bien, ahora que la amenaza está congelada, ¿qué quiere hacer o decir tu cuerpo en respuesta a los gritos? ¿O qué te gustaría que dijera o hiciera tu protector competente en tu lugar? ¿Dónde quieres colocar a tu protector en relación con esta amenaza congelada (delante de ti, a tu lado o justo a tu espalda)? Cuando somos pequeños, necesitamos a alguien que nos defienda. Aprendemos a autoprotegernos a través de la experiencia de alguien que nos protege. Así que observa cómo te hace sentir ver a tu protector competente apoyándote de esta manera. Y, como decía mi clienta Julia, «mi propio cuerpo es mi protector», indicando que, a veces, te empodera más hacerlo por ti mismo.

Explora qué más quiere hacer o decir tu cuerpo. ¿Quieres marcar un límite con los brazos y las manos? ¿Quieres decirle a tu padre que se esté callado, que deje de gritar y que hable en un tono de voz normal? Puede que quieras enviarlo a clases de gestión de la ira y ver cómo recibe la ayuda de una fantástica terapeuta y resuelve los problemas que subyacen a sus arrebatos. Cualquier cosa que quieras hacer está bien. Observa lo que surge. Independientemente de lo que tú o tu protector competente hagáis o digáis, tu cuidador está congelado; no puede responder ni herirte de ninguna forma.

¿Qué ocurre en tu cuerpo al hacer esto? ¿Qué sientes cuando estás «suficientemente seguro» en presencia de esta amenaza? Observa la dinámica cambiante: tu cuidador está inmovilizado, mientras que tú tienes cada vez más poder. ¿Sientes que tu cuerpo es más grande de alguna manera o quizá más mayor? ¿Sientes activación en las extremidades, como si quisieras dar patadas o puñetazos? Cuando somos capaces de movernos en lugar de desconectarnos, se puede liberar un montón de energía de supervivencia reprimida. ¿Puedes sentir la liberación y la descarga de la activación anteriormente atascada fuera de tu cuerpo (quizá como una ola de calor, sudor, escalofríos o temblor)? Permite que esto ocurra para que este exceso de energía pueda descargarse fuera del cuerpo. Quizás algo haya estado atascado dentro de ti durante mucho tiempo, algo que finalmente ahora puede liberarse. Esta es una forma de deshacerte de la respuesta de bloqueo que puedes haber experimentado en tu niñez y de conectar con algunas respuestas defensivas apropiadas.

Mientras trabajas con las respuestas de autoprotección, conecta con tu equipo de aliados en el oasis en cualquier momento que necesites más apoyo. Disfruta y permítete regularte con tu equipo. Cuando te sientas más conectado con el apoyo, te fortalezcas y entres en contacto con tus recursos de adulto, puede que notes que tu padre se hace más pequeño a medida que tú te haces más alto y que la amenaza se va desvaneciendo con el tiempo. De nuevo, recuerda que tienes acceso a todos tus queridos aliados. Puede que los veas abrazarte, saludarte y mirarte con amor y bondad. Estás a salvo con ellos, te aprecian y te comprenden. Siente este apoyo lo más profundamente que puedas y siéntete libre de volver a este oasis lleno de aliados siempre que lo necesites. Se trata de tu red de apego seguro, y siempre está a tu lado.

Llegando al final de este ejercicio, una de mis clientas, Rosa, se sintió tan segura en su experiencia de enfrentarse a su enfurecida madre y recuperar su fuerza que puso fin a la película imaginaria invitando a su madre a sentarse a su lado para reconciliarse. Ahora podía tenerla cerca sin sentir temor. Esta sanación la llevó a ser capaz de aceptar a su prometido, que tenía un apego seguro, y a seguir adelante con sus planes de boda.

Espero que este capítulo te haya proporcionado algunas formas de comprenderte a ti mismo o a las personas que te importan. En todo caso, no te sentirás tan diferente o no tendrás tantas dificultades en tus relaciones, y podrás seguir adelante con algunas formas nuevas de sanar y sintiéndote menos atrapado en patrones habituales que no os benefician ni a ti ni a tu pareja. No olvides que tienes los recuerdos de lo que te ha pasado, pero cuando el dolor y el sufrimiento se sienten y se integran de formas manejables, pueden dejar de resultar excesivamente perturbadores. Estás diseñado para sanar; el apego seguro es algo innato. Puedes sacar partido de esta sabiduría biológica. Puedes aprender a actuar con habilidades, comportamientos y perspectivas de apego seguro, y puedes disfrutar de todo lo que te ofrecen.

Al leer este capítulo, es posible que te hayas replanteado muchas cosas. De ser así, recuerda tomarlo con calma e intentar no ser duro contigo mismo. El apego desorganizado es mucho más frecuente de lo que cabría esperar. El escritor y psicólogo clínico David Wallin afirma que muchos terapeutas tienen alguna forma de apego desorganizado sin resolver, al menos de forma situacional, así que si te identificas con este estilo de apego, tienes buena compañía.[8] Seas quien seas, el apego desorganizado puede resultar complejo y bastante frustrante para todos los implicados, así que da pequeños pasos en tu camino y empieza por trabajar con gente y situaciones que consideres manejables. Reúne a tu alrededor personas que sean verdaderos aliados y cuida esas relaciones lo mejor que puedas. Confiar en un sistema de apoyo seguro es crucial para aprender a autorregularse mejor y recuperar el apego seguro que te corresponde es tu derecho de nacimiento.

Puedes aprender estas habilidades. Puedes aprender a autorregularte y corregularte. Puedes aprender a sentirte seguro. Puedes recuperar el apego seguro.

PREGUNTAS PARA EVALUAR EL APEGO DESORGANIZADO

- ¿Percibes las relaciones íntimas como peligrosas?
- ¿A veces te bloqueas o te paralizas en las relaciones con los demás? ¿Hay ocasiones en las que sientes que no te puedes mover en ninguna dirección?
- ¿Sueles tener problemas porque recibes señales contradictorias de otras personas (por ejemplo, «ven» y «vete»)?
- ¿A veces experimentas un miedo inexplicable cuando alcanzas cierto nivel de intimidad con los demás?

- Cuando otras personas se te acercan inesperadamente, ¿tienes una respuesta de sobresalto exagerada?
- ¿Otras personas se quejan de que eres demasiado controlador?
- ¿A menudo esperas que ocurra lo peor en las relaciones?
- ¿Sientes que las relaciones cercanas pueden activar una falta de regulación que te resulta difícil de gestionar?
- ¿Tienes problemas para sentirte seguro con tu pareja, aunque una gran parte de ti sabe que es de fiar?
- ¿Sueles desconectarte, disociarte o sentirte confuso en las relaciones?
- En cuanto a las relaciones pasadas, ¿te cuesta recordarlas o hablar de los sentimientos que experimentaste?
- ¿A veces tienes bloqueos de memoria considerables (periodos de tiempo o acontecimientos importantes que no recuerdas)?
- ¿Experimentas cambios de estado repentinos e impredecibles (por ejemplo, de alegría y felicidad a miedo y rabia)?
- Cuando algo te altera, ¿te estresas o te sientes confundido por las instrucciones y los planes complicados?
- ¿A veces te sientes abocado al fracaso e incapaz de resolver los problemas?
- ¿Has experimentado profundos deseos de conectar con otras personas y después, inexplicablemente, has querido huir de ellas?

5

ESTILOS DE APEGO Y
RELACIONES ROMÁNTICAS

Para terminar, me gustaría analizar cómo podemos usar lo que sabemos sobre el apego seguro e inseguro a fin de mejorar nuestras relaciones, especialmente las románticas. He incluido algunas sugerencias en los capítulos anteriores, pero ahora vamos a profundizar realmente y a examinar varias formas de ver las relaciones románticas a través del prisma del apego. Quiero destacar lo mucho que he aprendido de Stan Tatkin y Tracey Boldemann-Tatkin, creadores de los sumamente efectivos programas de formación en PACT para profesionales. Stan ha escrito excelentes libros que puedes consultar para obtener más información y apoyo. Encontrarás varias de sus obras en la bibliografía selecta al final de este libro. Este capítulo también tiene mucha influencia del excelente trabajo de Amir Levine y Rachel Heller, coautores de *Maneras de amar: la nueva ciencia del apego adulto y cómo puede ayudarte a encontrar el amor... y conservarlo*. En él describen las ventajas y los inconvenientes de los estilos de apego seguro, evitativo y ansioso (ambivalente), así como la dinámica relacional entre ellos, de forma muy articulada, sensible y clara.

A estas alturas, estás familiarizado con la manera en que el trauma puede afectar a las relaciones, especialmente cuando se produce en una etapa temprana de la vida. También es importante recordar que los acontecimientos abrumadores en la etapa adulta (como mi accidente de tráfico, por ejemplo) pueden desencadenar respuestas emocionales intensas, desconexión y una pérdida de enraizamiento fundamental. Como mencioné en la introducción, he llegado a pensar que –además de «miedo tremendo», «pérdida de control» y «profundo desamparo»– una definición de trauma debería incluir «conexión interrumpida». Por tanto, nuestra sanación adopta la forma de reconexión; con el cuerpo, la mente y el espíritu, pero también con otras personas (especialmente las más cercanas), el planeta que todos compartimos y el más allá. Tenemos que recuperar nuestro sentido de dependencia, independencia e interdependencia, además de descubrir y experimentar la interconexión con toda la humanidad. Y, como no sanamos en soledad, necesitamos a otras personas en este camino. Como adultos, esto suele implicar a nuestra pareja romántica o a los amigos más cercanos, que se convierten en nuestras figuras de apego principales.

En el mejor de los casos, crecemos como (o nos convertimos en) personas con apego seguro; para eso es para lo que estamos programados. Cuando las cosas van predominantemente bien en las primeras etapas de la niñez, al menos la mayor parte del tiempo (o una cantidad suficiente de tiempo), anhelamos la conexión y nos mostramos receptivos a los demás. Por lo general, esperamos que otras personas sean tolerantes, agradecidas, consideradas, cariñosas y atentas. Nuestro entorno formativo era prosocial, por lo que nos acostumbramos a expresar nuestras necesidades y a responder a los demás cuando expresan las suyas. En las relaciones adultas, experimentamos bienestar y reciprocidad, seguridad y confianza, presencia y protección. Cuando surgen faltas de sintonía las notamos, resolvemos los conflictos fácilmente e iniciamos o recibimos los intentos de arreglar las cosas con empatía y compasión. Y, aunque las cosas no siempre sean fáciles, normalmente no vamos por la vida evitando las conexiones con otros humanos; cuando conectamos con ellos, estas relaciones no nos provocan ansiedad todo el tiempo. Podemos relajarnos con los demás en el campo relacional y también nos sentimos bien estando a solas. Podemos disfrutar de la corregulación y tranquilizarnos a nosotros mismos mediante la autorregulación.

Obviamente, no siempre todo es ideal. Ya hemos analizado varios factores que subyacen a los diferentes estilos de apego inseguro (evitativo, ambivalente y desorganizado), pero esto va más allá de lo que ocurre entre padres e hijos. A continuación, se enumeran algunos factores más que contribuyen a cómo y por qué desarrollamos los estilos de apego que encarnamos actualmente:

Estabilidad relacional. Los niños absorben todo lo que ocurre entre ellos y sus padres, pero también se ven muy afectados por las interacciones entre sus cuidadores. Si los padres no son cariñosos y comprensivos entre ellos, por ejemplo, la capacidad del niño para sentir apego seguro disminuirá.

Apoyo relacional. El tipo de entorno en el que crece un niño tendrá mucho que ver con su estilo de apego. Lo ideal es que la madre tenga apoyo durante el embarazo y la lactancia, y ambos progenitores tengan suficiente ayuda, ya sea el uno del otro, de familiares, de amigos o de cuidadores.

Procedimientos médicos. El bebé y la madre podrían experimentar un trauma de nacimiento juntos, o bien podría surgir una enfermedad y, al luchar contra ella, podrían producirse interrupciones en el apego.

El niño podría nacer prematuro (con necesidad de pasar un tiempo en una incubadora) o precisar cirugía en los primeros meses de vida, o bien uno de los progenitores podría ponerse enfermo y necesitar hospitalización. A veces se producen separaciones inevitables en estos momentos tan inoportunos, y esto puede afectar a los patrones de apego.

Temperamento. Muchas cosas dependen de factores inherentes al niño antes de nacer. Evidentemente, esto tiene que ver con la genética (incluida la epigenética, relacionada con los patrones intergeneracionales) y lo que ocurre con la madre y el niño durante el embarazo, pero huelga decir que algunos niños vienen al mundo con un temperamento fácil, mientras que otros presentan un nivel de activación elevado o simplemente son más complejos e intensos.

Condiciones ambientales. Independientemente de la calidad de los cuidados que reciban por parte de los progenitores, los niños vienen al mundo rodeados de situaciones sociales (pobreza extrema, guerra y opresión cultural de diversos tipos) que pueden tener un efecto profundo en el tipo de estilo de apego que desarrollan. Sin embargo, recuerda que las condiciones extremas no siempre provocan un apego inseguro. Aunque luchen por sobrevivir a diario, las personas sintecho suelen cuidarse unas a otras con increíble generosidad; las comunidades más desfavorecidas suelen estar muy unidas y ser activamente interdependientes, y en tiempos de guerra, la gente se alía para sobrevivir en circunstancias terribles.

Otras relaciones y experiencias vitales. Todas las relaciones que tenemos nos influyen. Contribuyen a moldearnos de una manera u otra. Si somos seguros y nos casamos con una pareja abusiva, podemos perder nuestro apego seguro y pasar a la adaptación desorganizada. Si somos evitativos o ambivalentes y disfrutamos de la compañía de una pareja con apego seguro, con el tiempo podemos adquirir también el apego seguro. Es posible que a los que tienen la adaptación desorganizada les resulte más difícil pasar al apego seguro de forma tan rápida, pero todos los estilos de apego se pueden beneficiar en gran medida mediante el aprendizaje y la práctica de habilidades, comportamientos y actitudes de apego seguro. Además, todos nosotros experimentamos una fluencia única de sucesos y retos en la vida que, en parte, cambia la forma en que vivimos las relaciones a nivel emocional y fisiológico.

Sean cuales sean nuestras tendencias inseguras, son heredadas. No podemos elegir conscientemente cómo crear nuestra plantilla relacional original. No elegimos incrustar un cierto estilo de apego en nuestro cuerpo ni tener una selección particular de recuerdos implícitos preverbales. No decidimos proyectar ciertas historias en los demás y en el mundo ni tener ideas inflexibles sobre cómo son las relaciones, cómo deberían ser o cómo serán. No escogemos estas cosas porque gran parte de ellas se forman en la etapa preverbal, antes de que nuestra mente sea capaz de configurar narrativas o incluso recordar. Sin embargo, podemos elegir hacer algo al respecto.

Creo que también es importante reconocer la genialidad de nuestras adaptaciones de apego y ver el valor inherente incluso en las formas inseguras de apego. Ha habido momentos en nuestras circunstancias evolutivas en los que el peligro era inmediato y los recursos limitados, así que necesitábamos competir y ser increíblemente autosuficientes y autoprotectores para evitar el riesgo de morir. Y también ha habido otros momentos en los que teníamos que estar muy cerca de los demás, sintonizados con ellos y con mucha empatía para sobrevivir.

Es importante reconocer los factores que subyacen a nuestras adaptaciones de apego porque no queremos menospreciarnos ni sentirnos atrapados o aún más heridos por cualquier valoración que hagamos de nosotros mismos. Recuerda que estas adaptaciones son solo puntos de partida. Todos estamos programados para el apego seguro, la sanación y la integridad de nuestra esencia, y podemos recurrir a ese potencial innato para volver allí, en parte adquiriendo habilidades de apego seguro. Cuando nuestros patrones de apego temprano causan estragos en nuestras relaciones adultas, resulta útil recordar que no estamos atrapados ni condenados. Una vez que sabemos lo que es el apego seguro, qué aspecto tiene y cómo se siente en una relación, podemos practicar las habilidades de apego seguro, ser más vulnerables y confiados, asumir más riesgos y disfrutar de nuestras relaciones mucho más de lo que jamás pensamos que sería posible. Cuando recuperamos la capacidad del apego seguro, la facultad para dar y recibir amor crece sin parar. Pasamos de culparnos a nosotros mismos o a nuestra pareja a encarnar la compasión y la comprensión de este viaje humano que llamamos relación.

PAREJAS CON APEGO SEGURO

Si eres una persona con apego seguro, aportas mucho valor y capacidad a cualquier relación. En el plano romántico, los individuos con apego seguro se emparejan entre ellos la mayor parte del tiempo; se sienten mutuamente atraídos de forma natural, como si tuvieran un imán. Y he de decir que es una delicia estar con parejas que tienen apego seguro o habilidades de apego seguro. Stan Tatkin habla de la importancia de encontrar «parejas mentoras», una expresión que atribuye a Marion Solomon.[1] Pasar tiempo con parejas así es una forma estupenda de entrenar tu propio sentido de apego seguro si no lo has visto muy a menudo en la práctica en las relaciones de los demás. Cuanto más tiempo pases con personas con apego seguro, más podrás aprender de ellas para encarnar las cualidades que manifiestan en tus propias relaciones. Como punto de partida para lo que buscamos a este respecto, aquí tienes un breve resumen de cómo se comportan las personas con apego seguro cuando deciden emparejarse entre ellas. Localiza una o dos de estas características que te llamen la atención y pruébalas en tu propia relación:

Atracción y compromiso mutuos. Para empezar, en estas parejas se sienten atraídos el uno hacia el otro. Su relación se basa en la atracción mutua (en lugar de en el miedo o la ansiedad) y los dos quieren realmente estar con la otra persona. Están dedicados el uno al otro, así como a la relación en sí, y se comprometen con relativa facilidad.

Amistad y bienestar de base. Estas parejas también son grandes amigos. Se corresponden sin mucho esfuerzo y actúan de forma generosa el uno con el otro. Se comportan como si tuvieran la sagrada misión de estar a cargo del bienestar de su pareja y confían en que su pareja hará lo mismo por ellos. Puedes darle la vuelta al término *bienestar* para convertirlo en *estar bien*. Las parejas con apego seguro se nutren de la relación y de la otra persona para disfrutar de la presencia y el aliento mutuos.

Prestar atención y sentirse especial. Los integrantes de estas parejas saben que son especiales el uno para el otro y se lo dicen mutuamente de forma regular. Se prestan atención –dejan el teléfono o la tableta cuando su pareja les habla (como dice Kim John Payne, «los dispositivos pueden provocar divisiones»[2])– y se tratan como reyes. Siempre están atentos a las necesidades del otro y encuentran placer en ayudarse mutuamente con entusiasmo y amor.

Humor y diversión. Como te puedes imaginar, las parejas con apego seguro se divierten mucho. Tienen un gran sentido del humor y, con frecuencia, se ponen mutuamente apodos ingeniosos. Cuando estás con ellas, tienes una sensación de fluidez y ligereza, y su disfrute mutuo es palpable. Tienen aventuras juntos y les gusta compartir nuevas experiencias, lo cual ayuda a mantener la atracción recíproca.

Corregulación. Estas personas tienen un autocuidado excelente, y también sienten que su pareja las ayuda a regularse. Física, neurológica y emocionalmente, saben cómo calmar los estados de alta activación y energizar los estados depresivos o letárgicos para su pareja y con ella de forma regular. Tranquilizan al otro con facilidad y saben sin duda que pueden recurrir a la otra persona en caso de necesidad. Cualquier cosa que surja en la relación se guarda en un contenedor seguro, resiliente y regulado.

Seguridad y asunción de riesgos. Al sentirse seguras en su conexión y su intimidad, estas parejas ganan más confianza para reafirmarse mutuamente y en el mundo. Pueden explorar sus vidas con apertura y curiosidad, y se sienten bastante seguras en

casa como para salir realmente ahí fuera, correr riesgos, abrirse a nuevas experiencias vitales y ofrecer sus dones al mundo.
Esto suena paradójico, pero tiene sentido cuando lo piensas.
Cuanta más seguridad tengamos en nuestras relaciones, más
seguros nos sentimos de nosotros mismos, y eso nos empodera para desarrollar más autonomía. Amir Levine enfatiza que,
sin una base segura, no podemos contribuir al mundo de la
misma manera porque no podemos permitirnos asumir riesgos.[3] El miedo al rechazo o la falta de apoyo provocan que mucho talento quede sin utilizar y se desperdicie. En una relación
con apego seguro, sabemos que la otra persona nos respalda, y
esto nos abre las puertas del mundo de muchas maneras. Esto
también permite que estas personas asuman riesgos que me-
joran la intimidad entre ellos en la relación.

Juntos y separados. Estas parejas pasan con facilidad de estar
conectadas a ser autónomas. Están cómodas estando juntas o
separadas, e incluso les resulta fácil hacer ambas cosas a la vez
(por ejemplo, realizando actividades distintas mientras están
en la misma habitación en casa en silencio). Su campo relacional les permite mucha flexibilidad y movimiento. Y, cuando
están con otras personas, se aseguran de respetar los límites
acordados en la relación y la privacidad del otro.

Comunicación verbal. Los integrantes de estas parejas saben lo
que pasa en la vida del otro. Stan Tatkin afirma con frecuencia:
«Tu pareja es la persona a la que siempre acudes: es la primera persona a quien cuentas cualquier noticia o suceso significativo en tu vida».[4] Las parejas con apego seguro hablan, son
transparentes, se mantienen al día de sus cosas y comparten
la información importante con la otra persona antes que con

nadie más. Se cuentan sus preocupaciones, desilusiones, fracasos, victorias, celebraciones y todo lo demás, y evitan los secretos y los pequeños engaños (incluso las mentiras piadosas). Utilizan palabras alentadoras y se dicen «te amo» con frecuencia, se envían mensajes y se llaman cuando no están juntas. Stan dice que estas parejas permanecen «ancladas». De una forma u otra, encuentran la manera de enfatizar la conexión y estar ahí para la otra persona. Escuchan con atención y hacen preguntas aclaratorias, lo cual fomenta la contingencia y profundiza la conexión, y se sienten cómodas al expresar sus sentimientos y necesidades.

Comunicación no verbal. Stan Tatkin menciona que se puede saber si una pareja tiene una rutina segura porque practica el contacto seguro y afectuoso (se toman de la mano y se abrazan mucho), se acicalan mutuamente (por ejemplo, quitan las pelusas o los pelos de la ropa del otro) y muestran comportamientos coincidentes (cruzan las piernas a la vez cuando están sentados enfrente, inclinan la cabeza en la misma dirección y cosas así).[5] Comunican su amor por el otro con miradas amables, sus rostros son receptivos y expresivos, y utilizan un tono de voz melódico cuando hablan entre ellos. Como mencioné antes, todo esto comunica seguridad y calma la amígdala para que la conexión resulte más fácil.

Resolución de conflictos. No quiero transmitir la idea de que todo es siempre perfecto en las parejas con apego seguro. Surgen problemas —así es la vida— pero, cuando esto ocurre, están dispuestas a hablar sobre sus problemas y los solucionan sin mucha dificultad, y además lo hacen de forma que se fomente una mayor cercanía. Las personas evitativas tienden a desconectarse y distanciarse; las ambivalentes pueden caer en la queja, el olvido de sí mismas y el cuidado controlador, y las desorganizadas pueden confundirse, disociarse o bloquearse. Sin embargo, las que tienen un apego seguro normalmente se acercan la una a la otra cuando surgen los conflictos. Puede que discutan mucho, pero no atacan, culpan o avergüenzan al otro, amenazan con irse ni pretenden anular a la otra persona. Por lo general, son tolerantes y están abiertas a comprender al otro, y sus perspectivas y comportamientos no son rígidos: pueden cambiar por el bien de la relación, si es necesario, y sin abandonarse a sí mismos. Stan Tatkin ofrece un consejo excelente que puedes probar en ti mismo, que es mantener las discusiones cortas. Independientemente de lo que ocurra, haz un descanso tras unos quince minutos aproximadamente.[6] Esto evitará que tu cerebro codifique la desconexión en la memoria a largo plazo, evitando así el riesgo de que estas experiencias principalmente negativas se programen en el cerebro de forma que tu pareja pase a ser el enemigo en lugar de la persona amada.

Las parejas con apego seguro se esfuerzan de forma natural por estar conectadas, incluso en momentos de intenso desacuerdo. Esto les ofrece una sensación de imperturbabilidad. Saben que los conflictos no son tan importantes y están seguras de que la relación está orientada hacia el beneficio mutuo y el compañerismo. Creen en las soluciones en las que ambos salen ganando, más que en llegar a un compromiso. Y, cuanto más ponen en práctica las parejas el apego seguro antes de que surjan los conflictos, mejor suelen responder, con lo que es mucho menos probable que se active la respuesta a la amenaza de ninguno de ellos en el proceso.

Conexión estable. Por todos estos motivos (y muchos más), las parejas con apego seguro no suelen dejar su relación con facilidad. Con frecuencia están juntas durante mucho tiempo; su compromiso es duradero y positivo. Obviamente, se producen divorcios y la muerte también separa a las personas, pero no es fácil romper una pareja con apego seguro. Hay demasiados beneficios en permanecer juntos.

Probablemente estoy dejando muchas cosas fuera de esta lista, pero permite que te hagas una idea. Para muchas personas, este tipo de relación parece improbable o fuera de su alcance. Sin embargo, la mayoría de nosotros probablemente conoce al menos una pareja que muestra estas cualidades, al menos en parte. En el siguiente ejercicio, vamos a probar la idea de Marion Solomon de aprender de parejas mentoras.

EJERCICIO   Parejas mentoras

¿La lista anterior te recuerda a alguien que conozcas? Tómate un momento para pensar en ello. ¿Cuáles son las parejas de tu vida (cualquiera que hayas conocido u observado) que parecen tener estas cualidades? No tienen por qué ajustarse perfectamente a esta descripción todo el tiempo, pero cuando piensas en ellas, te sorprende su conexión, su carácter juguetón, la protección mutua y la sensación general de bienestar. Piensa durante unos minutos en quiénes representan mejor estas cualidades para ti. Si les preguntaras, estas parejas con apego seguro podrían estar dispuestas a actuar activamente como mentores para ti y tu pareja cuando tengáis problemas. O puede que os ayuden a encontrar más vitalidad y alegría para compartir y mejorar lo que ya tenéis. ¡Qué maravillosa fuente de útiles consejos ya comprobados!

A algunos de nosotros nos puede resultar difícil pensar en alguien; si es tu caso, piensa en parejas con apego seguro de novelas, programas de televisión o películas. Anteriormente, mencioné la película *Brooklyn*. Hay otra que se llama *Un camino a casa*, en la que un joven busca a su madre biológica a la vez que actúa de forma tranquilizadora y cariñosa con su madre adoptiva. Las dos familias abren su corazón mutuamente, y es una representación cinematográfica fantástica del apego seguro. Todos necesitamos cierta preparación para el apego seguro, así que observa qué ejemplos te vienen a la mente (no importa de dónde procedan) y piensa en todas las maravillosas cualidades de estas relaciones. Sumérgete en esa positividad. Absórbela todo lo que puedas y ábrete a ser transformado por el poder natural del apego seguro.

PERSONA SEGURA CON PERSONA INSEGURA

Aunque las personas con apego seguro puedan tender a acabar juntas, no es del todo inusual que formen pareja con alguien con apego inseguro. Para este último, es como ganar la lotería, ya que el nivel de estabilidad y sanación que aporta estar con alguien con apego seguro es significativo y valioso. El inseguro se beneficia al ser reprogramado por la sensibilidad constante y saludable de la persona con apego seguro, y las investigaciones muestran que bastan solo entre dos y cuatro años para que adquiera un apego mucho más seguro.[7] Independientemente del estilo predominante en tu caso (evitativo, ambivalente o desorganizado), tener una relación íntima

213

con una persona con apego seguro tiene beneficios obvios. También es una gran ventaja cuando se unen dos personas que quieren trabajar juntas para lograr el apego seguro mediante el aprendizaje y la práctica de habilidades de apego seguro.

PAREJAS CON APEGO INSEGURO

Evidentemente, las personas con apego inseguro también se sienten atraídas entre sí, por muchos motivos evidentes y paradójicos. Con bastante frecuencia, se emparejan evitativos con otros con la adaptación ambivalente, o bien alguien con cualquiera de estos estilos tiene como pareja una persona con apego desorganizado. Puede ser delicado cuando los evitativos y los ambivalentes se juntan, especialmente si existe una gran divergencia en cuanto al compromiso con la relación. Cuando surge la inestabilidad, los evitativos suelen encontrar alivio y seguridad en el aislamiento y la distancia, mientras que los ambivalentes desean más cercanía. Hace falta mucho entrenamiento, conciencia compasiva y compromiso para salvar estas distancias, porque tienden a provocar a su pareja debido a sus heridas más dolorosas y a aumentar la inseguridad en lugar de reducirla.

Dos personas evitativas no suelen formar pareja, simplemente porque no hay suficiente pegamento para mantenerse juntas, por así decirlo. Ambas están tan interesadas en la atención paralela y tan implicadas en su propia vida interior que les resulta difícil tender un puente hacia la otra persona o mantener ese tipo de conexión con el tiempo. Y las parejas desorganizadas se enfrentan a bastantes retos al estar juntas, ya que tienden a provocarse mucho mutuamente. Cuando ambas personas se activan y sienten angustia de forma regular, suelen ver al otro como un enemigo, y la relación puede llegar a parecer una zona de guerra. La gente comprensiblemente tiende a dejar las situaciones que parecen peligrosas (con algunas excepciones, por supuesto). No obstante, incluso una pareja con dos integrantes desorganizados puede hacer que la relación funcione si normalmente no se sienten provocados al mismo tiempo, y uno de ellos puede permanecer más regulado. Si uno puede desempeñar el papel de estar calmado y mostrarse seguro y estable, puede ayudar al otro a lidiar con sus sentimientos de amenaza y terror para volver a conectar en dirección al amor y la intimidad. Este papel puede oscilar entre ambos integrantes de la pareja.

***

Esto ofrece una somera idea de cómo pueden ser las distintas combinaciones, aunque evidentemente es mucho más complicado de lo que se puede resumir en unos cuantos párrafos. Lo más importante es aprender a trabajar de forma óptima con la pareja que elijas; sin embargo, no quiero precipitarme y lanzarme a ofrecer algunas sugerencias prácticas. Vamos a asumir en primer lugar que no tienes pareja y te gustaría tenerla. (Si ya tienes una relación, no dudes en avanzar hasta el apartado «Cómo hacer que tu relación sea más segura», en la página 225).

ENCONTRAR PAREJA

La mayoría de los métodos que empleamos para elegir nuestras relaciones románticas suelen implicar la atracción física, intereses y valores en común o factores culturales como estado socioeconómico, vínculos familiares y origen étnico. En todo el mundo, a mujeres y hombres de diversas comunidades se les enseña desde pequeños quiénes son más deseables como pareja, y esto determina en gran medida a quiénes buscarán como compañeros (o, en algunos casos, a quiénes serán elegidos para ellos en su lugar). Lamentablemente, estos enfoques no siempre funcionan, como la mayoría de nosotros ya sabemos. Por usar algunos ejemplos obvios: buena apariencia, destreza atlética y montones de dinero no van acompañados necesariamente de habilidades relacionales.

También podemos sentirnos atraídos inconscientemente por personas que se ajustan a nuestra plantilla relacional de la niñez y, como piezas de un puzle, podemos conectar con alguien en una relación que «encaja» y que, con el tiempo, nos provoca y nos hace revivir los problemas sin resolver con nuestros padres. Muchos terapeutas de parejas ven esta situación como una oportunidad de crecimiento y sanación para ambos integrantes.

Las personas con apego inseguro a veces pueden encontrar aburridas a las personas con apego seguro: no suponen suficiente drama o no tienen garra. Por este motivo, con frecuencia descartan a individuos con apego seguro como posibles parejas, lo cual es una pena y una gran pérdida. Aconsejo dedicar algún tiempo a investigar a estas personas que, en principio, podrían no parecer interesantes y ver si se muestran accesibles, cariñosas, afectuosas, leales, serenas, presentes, sensibles y protectoras de forma sistemática. Estas cualidades son mucho más importantes a largo plazo que simplemente volverse loco por alguien a primera vista. Puedes preguntar por su familia. ¿Había mucha conexión, era prosocial y segura? Esto podría ser un gran punto a su favor.

No hay nada malo en sentirte atraído por tu pareja potencial, por supuesto, pero te sugiero aprender a buscar el apego seguro, o al menos a detectar a personas inseguras que quieran avanzar en esa dirección. Aproximadamente el primer año de una relación es básicamente una gran fiesta de cócteles químicos en nuestro cuerpo. Tenemos toda esta oxitocina que induce a crear vínculos en el sistema, y su función es fomentar la conexión, la adoración y la atracción. Lamentablemente, durante este tiempo, solemos pasar por alto alguna información crucial sobre nuestra pareja y la forma en que se desarrolla la relación. Stan Tatkin enfatiza la prioridad crítica de analizar a tus parejas con amigos o parejas mentoras porque suelen ser capaces de ver cómo estáis juntos con mayor claridad.[8] Además, puedes practicar las habilidades de apego seguro para ver cómo responde una nueva pareja. Este apartado va sobre iniciar la relación que elijas con los ojos bien abiertos y nuevas herramientas disponibles. A medida que tengas más claro lo que realmente funciona en una relación en tu caso, podrás elegir entre continuar con una persona o dejarla con mayor claridad.

Buscar lo positivo

En este punto, mi sugerencia de buscar señales de apego seguro no resultará sorprendente. Sin embargo, las personas con apego seguro no tienen un aspecto determinado, participan en actividades concretas, siguen ciertas religiones ni tienen coches o trabajos específicos. Simplemente, tienen una capacidad natural para conectar y corresponder, y eso es lo que recomiendo buscar. Pero ¿cómo?

Sugiero un enfoque más orgánico para que todo el proceso de encontrar pareja resulte menos estresante y más eficaz. Por tanto, si te interesa encontrar a una persona con apego seguro o que quiera avanzar en esa dirección para pasar tu vida con ella, te invito a considerar las siguientes prácticas, muchas de las cuales son adaptaciones a partir de la obra de Amir Levine y Rachel Heller,[9] cuando conozcas a parejas potenciales:

No jugar con la otra persona. Olvídate de las estrategias poco sinceras. Los consejos habituales en relación con las citas

sugieren no ponerse en contacto con la otra persona demasiado pronto después del primer encuentro o bien esperar para
responder al primer mensaje o a la primera llamada uno o dos
días. Supongo que la idea es no parecer *demasiado* interesado,
pero eso no funciona con las personas que tienen apego seguro. Lo creas o no, realmente quieren ver señales de conexión
pronto; no les interesan los juegos. Si a alguien no le gusta que
seas atento y amable desde el principio, hay muchas posibilidades de que no tenga apego seguro.

Expresar tus necesidades desde el primer momento. A algunas personas les produce ansiedad hablar sobre sus necesidades demasiado pronto en una relación; tienen miedo de que
el otro pierda el interés. Si tenemos apego inseguro, podemos
sentir que otras personas perciben nuestras necesidades como
una carga, así que somos precavidos en la forma de expresarnos. Recomiendo actuar de manera diferente porque tienes
que buscar una receptividad fiable desde el principio, y no
podrás obtener esa información de los demás a menos que les
des la oportunidad.[10] Por tanto, inténtalo y observa cómo tu
posible pareja gestiona estar con alguien (tú) que realmente
tiene sus propias necesidades. De igual forma, ¿eres receptivo a las necesidades de la otra persona? En relación con todas
estas cualidades, también puedes observar tus propias incli-
naciones.

Evaluar la receptividad. Puedes averiguar mucho si tomas nota
de cuánto tarda una persona en responder a los mensajes de
texto, los correos electrónicos y las llamadas. No hablo de llevar la cuenta, y no es realista esperar que los demás respondan
inmediatamente todo el tiempo, pues todos tenemos trabajos

y otras demandas a las que atender. Pero puedes detectar patrones de receptividad desde bastante pronto, y eso te dirá mucho sobre cómo será la persona a largo plazo. Si no puede acudir a una cita, ¿se disculpa, te da explicaciones y fija otra fecha? ¿O simplemente te deja colgado?

Observar cómo te trata. ¿Qué ocurre cuando salís juntos? ¿Tu nueva pareja te trata como la persona especial que eres en público o te ignora o te critica por una cosa u otra? Busca también señales de protección. Te interesa obtener evidencias de que quiere mantenerte a salvo y evitar que te hagas daño, así como de que no te abandonará ni te dará la espalda si las cosas se tuercen un poco. ¿Evita las acciones hirientes y las palabras desagradables? ¿Es una persona generosa? ¿Con qué frecuencia da el primer paso para arreglar las cosas cuando se produce un malentendido? ¿En qué medida se da cuenta de tus iniciativas y muestras de afecto y las agradece?

Hacer un viaje juntos. Si puedes, te recomiendo hacer una escapada con esa persona cuando sea buen momento. Es una forma estupenda de averiguar algunas cosas importantes sobre tu pareja, así como sobre la relación en sí. ¿Contribuye a organizarlo todo, comparte los gastos y las responsabilidades, te ayuda con el equipaje o participa de forma igualitaria en otros aspectos? ¿Quiere compartir algunas de las actividades que te interesan o solo te invita a las que él/ella quiere realizar? Comprueba el equilibrio entre tiempo a solas y tiempo juntos. ¿Las transiciones entre esos dos estados son fluidas o suelen provocar conflictos y tensión? ¿Uno de vosotros necesita estar a solas mucho más tiempo que el otro? Por cierto, nada de esto se debe ver como prueba concluyente; es solo información importante que te ayudará a determinar si deseas seguir adelante con la relación.

Tener en cuenta los conflictos. En cualquier relación surgen desacuerdos, faltas de sintonía y conflictos. De hecho, resulta útil que estas cosas surjan pronto porque dicen mucho sobre el tipo de relación que puedes tener con esa persona. ¿Se expresa de una forma que tiene sentido para ti? ¿Pide disculpas o asume la responsabilidad por su contribución al problema? ¿Le interesa comprender tu punto de vista de las cosas o se centra principalmente en tener razón? ¿Hasta qué punto está dispuesta a solucionar las pequeñas desavenencias que surgen? ¿Acepta tus disculpas sin problemas cuando es necesario? También puedes observar su predisposición a ser flexible y quizás a cambiar comportamientos para mejorar la relación. ¿Cómo es cuando los conflictos suben un poco en tono e intensidad? ¿Le gusta discutir y dice cosas hirientes o es paciente y considerada? Espero que resulte evidente que deberías examinar también tu propio comportamiento de esta manera.

Observar los mensajes verbales (y no verbales). Observa el lenguaje que utiliza tu pareja para transmitir sus sentimientos y puntos de vista. Presta atención también a su tono de voz. ¿Es suave y melódico o monótono y áspero? ¿Te mira con bondad y aprecio? ¿Su cara se mueve y es expresiva? ¿De qué maneras transmite afecto y seguridad mediante el contacto físico? Toma lo que has aprendido en este libro y presta mucha atención al lenguaje, el tono, el contacto visual, las expresiones y los gestos de tu pareja.

Señales de alarma

Hay cosas específicas a las que debes estar atento que serán evidentes tras leer la lista anterior de prácticas. También quiero destacar algunas cosas que son indicadores de que alguien tiende a ser evitativo, ambivalente o desorganizado. Las listas siguientes sobre personas evitativas y ambivalentes son adaptaciones parciales del trabajo de Amir Levine y Rachel Heller.[11] Estas listas no son exhaustivas, y ninguno de los puntos debe utilizarse para descalificar definitivamente a la persona en la que tengas interés. Te ruego que no tomes decisiones precipitadas basándote en una o dos experiencias; basta con que busques pistas y patrones a lo largo del camino. Todo esto no es más que información que se puede tener en cuenta al mirar el panorama general cuando tienes que tomar una decisión sobre tu nivel de implicación en un futuro juntos. Lleva tiempo observar bien a otra persona. Una respuesta difícil (o que encuentres inaceptable) puede ser una anomalía, pero también podría indicar un patrón muy establecido. Lo más importante es encontrar una posible pareja que esté abierta y dispuesta a esforzarse para disfrutar del apego seguro (tanto si conoce la expresión como si no). Encontrar una persona que se comprometa a esto es todo un regalo.

Posibles indicadores de personas con la adaptación evitativa

- Tu pareja se siente molesta cuando expresas tus necesidades. En otras palabras, considera tus necesidades como un problema.
- Cree que nadie satisfará sus propias necesidades mejor que ella misma.
- A menudo sientes que tienes que sacarle las palabras de la boca. En el peor de los casos, parece reservada y hermética.

- Normalmente tiene comportamientos de distanciamiento. Necesita mucho espacio, y esto parece aumentar según avanza la relación y tú te acercas más.
- Con frecuencia desaparece del mapa. No responde a los mensajes o las llamadas de forma sistemática.
- La intimidad no genera más intimidad, sino que esta persona se cierra o se repliega después de que exista cercanía.
- Habitualmente se muestra negativa, crítica o despreciativa. Detectas muchos comportamientos críticos, especialmente hacia ti.
- Idealiza a exparejas o parejas futuras. Tras tomar cierta distancia de las relaciones anteriores, puede acceder al amor y la conexión que tenía porque ya no siente la presión en su sistema de apego. De igual forma, cuando se imagina a su pareja futura perfecta, no tiene que lidiar con su necesidad de distancia para sentirse a salvo. En estas situaciones, no está en las trincheras de una relación real.
- Parece tener nociones poco realistas sobre el romance. Se sorprende y se desconcierta ante los altibajos normales y, a menudo, no gestiona los conflictos de forma práctica.
- No muestra disposición para expresar su afecto o comprometerse abiertamente. Puede que le cueste el contacto físico y la afirmación verbal. No dice «te amo» con facilidad ni otras cosas que expresen su aprecio y que le importas.

Posibles indicadores de personas con la adaptación ambivalente
- Tu pareja suele parecer insegura o dependiente. Al no tener constancia de los objetos, necesita que le reconfirmes con regularidad que puede contar contigo de una forma u otra.

- Tiene tendencia a los celos. Periódicamente busca evidencias de abandono y puede sospechar que eres infiel cuando no es así.

- Incluso después de transcurrido un tiempo, a tu pareja le puede resultar difícil confiar en ti. Puede que espíe tus conversaciones, que mire tus mensajes de texto o que lea tus correos electrónicos en busca de pruebas de que tienes más interés en otra persona.

- Se centra demasiado en ti y muy poco en sí misma. Es posible que no se cuide bien y que intente cuidarte de una manera que te ata a ella.

- Juega con tus sentimientos, lleva la cuenta de quién hace qué, actúa de forma manipuladora y parece que le gusta iniciar peleas. A veces, parece que te aleja de ella sin querer por miedo a un rechazo inminente, incluso si tienes un compromiso evidente.

- Puede tener una alta intensidad emocional de forma regular; está triste, desilusionada o enfadada contigo incluso antes de que surja alguna desavenencia clara entre vosotros.

- Puede expresar la ambivalencia buscando tu compañía y luego rechazándola.

- Se queja continuamente y no presta atención a tus comportamientos cariñosos debido a la necesidad de mantener activada la llamada de atención. Puede que hable demasiado para sentirse conectada.

- Tiene problemas para dejar ir las heridas o los conflictos antiguos de la relación y centrarse en las soluciones necesarias en el presente.

Posibles indicadores de personas con la adaptación desorganizada

- Busca oscilaciones extremas entre los comportamientos indicados para los evitativos y los ambivalentes, todo ello combinado con miedo. Por ejemplo, la persona en cuestión unas veces mantiene las distancias, pero otras necesita mucho refuerzo y atención. También suele estar a la defensiva y tiene problemas de regulación.
- Experimenta la respuesta de bloqueo, parece disociarse y puede tener lagunas de memoria. Tal vez empiece frases y no las termine o hable de una forma que resulta difícil de seguir, mezclando tiempos verbales u omitiendo palabras.
- Presenta potentes detonantes que parecen surgir de la nada. Puede resultar difícil saber qué provoca su malestar.
- Cuando se activan estos detonantes, puede estar confusa y no es capaz de tomar ni las decisiones más simples. Puede ayudar presentarle menos opciones descritas con mucha claridad.
- En cierto punto de la relación, puede empezar a sentir un terror inexplicable, especialmente en relación con una mayor intimidad y seguridad contigo.

Si buscas una pareja a largo plazo, espero que estas pautas te ayuden. Si ves lo que está por venir, podrás tomar las mejores decisiones para ti mismo y, con suerte, evitarás muchos obstáculos evidentes. Igualmente, lo ideal es que tú mismo tengas habilidades de apego seguro y que comuniques tu capacidad de crecimiento a tu pareja de la mejor forma posible. Recuerda lo importante que es ser consciente de forma compasiva de los puntos fuertes y limitaciones propios y del otro y permanecer dispuestos a trabajar para aprender las habilidades de apego seguro. Una vez que mantengas una relación estable, el apartado siguiente te ayudará a aumentar tu satisfacción y profundizar en la relación.

CÓMO HACER QUE TU RELACIÓN SEA MÁS SEGURA

Cuando estableces un vínculo de apego con otra persona, significa que básicamente te conviertes en su figura de apego principal, y viceversa. Esto es así incluso aunque tengáis un conflicto, no estéis felices u os encontréis en distintas partes del mundo. A un nivel fundamental, estamos programados para tener una figura de apego principal. Estamos diseñados para que la conexión dure toda la vida; no es algo que desaparezca. Por tanto, es buena idea mantener ese vínculo con nuestra pareja en buenas condiciones y fortalecerlo con el paso del tiempo. Obviamente, cabe la posibilidad de que tengamos que alejarnos de una influencia negativa; puede que dejemos una relación y encontremos a otra persona que se convierta en nuestra nueva figura de apego principal. Es posible que orientemos nuestra adaptación de apego cada vez más hacia la seguridad en nuestras relaciones con los demás en general, especialmente cuando adquirimos habilidades de apego seguro. Todos podemos entender a nuestra pareja y a nosotros mismos con mayor compasión y aprender a estar juntos de forma más segura.

La obra de Stan Tatkin y Tracey Boldemann-Tatkin que mencioné en la introducción es muy importante en ese sentido, y recomiendo encarecidamente sus libros y programas de audio públicos, los fines de semana para parejas y las formaciones de PACT especializadas para terapeutas. Al ser tan significativos nuestros vínculos principales, resulta crucial que conozcamos bien a nuestra pareja y que seamos capaces de animarla cuando está decaída, calmarla cuando está estresada y hacer todo lo que podamos para ayudarla en todos los aspectos de la vida. Obviamente, también queremos que nos preste atención y nos cuide de esta manera, ya que ambos integrantes de la pareja tienen la responsabilidad sagrada de potenciar el bienestar del otro. Lo ideal es que ambos trabajen para corregularse mutuamente mientras se ayudan con lo que sea necesario para autotranquilizarse.

A estas alturas, espero que tengas una buena idea de cómo es el apego seguro y cómo practicar las habilidades de apego seguro (las HAS que expliqué en el primer capítulo) contigo mismo y con los demás. No volveré sobre este material aquí, pero te recomiendo intentar estas habilidades con todas las personas importantes en tu vida. Por ahora, también podría ser útil analizar cómo trabajar y crecer con parejas que expresan una o más formas de apego inseguro.

Evolucionar con parejas evitativas

Recordarás que las personas con el estilo evitativo crecieron con algún nivel de abandono o rechazo activo. Los padres eran poco atentos, no estaban presentes de forma sustancial o simplemente no estaban en sintonía con las necesidades de su hijo, específicamente las emocionales. Cuando este niño se convierte en adulto, su sistema de apego está activo, pero él pisa el freno de forma inconsciente. Esta es una respuesta natural cuando el abandono te acompaña en la niñez, ya que la supervivencia lo requiere. Simplemente es demasiado doloroso permanecer abierto a la conexión cuando no hay nadie al otro lado o responden negativamente a tus necesidades o tu presencia.

Dicho esto, el apego también es una necesidad biológica. Es un instinto, porque realmente estamos más seguros cuando nos sentimos conectados a otras personas. Estamos más regulados, más satisfechos y tenemos más recursos. Por tanto, requiere mucha energía impedir que el sistema de apego haga lo que quiere hacer de forma natural, y las personas evitativas normalmente no se dan cuenta de que ponen tanta energía en bloquear la tendencia a conectar cuando están tan acostumbradas a retenerse.

Una persona evitativa que establece una relación de conexión está corriendo un riesgo increíble. Puede que parezca que lo tiene todo bajo control, pero, bajo esa calma externa, está lidiando con infinidad de señales de alarma que le dicen que acercarse a los demás la llevará al rechazo, el dolor o la pérdida. Intenta recordar esto y tener en cuenta su extraordinaria sensibilidad y vulnerabilidad. En su niñez, la evitaban, la desatendían o la rechazaban de alguna manera, hasta tal punto que tuvo que desconectar de su entorno relacional para cuidarse a sí misma. Básicamente, no tenía suficiente entorno de contención positivo con el que conectar en esas etapas formativas. Su joven sistema nervioso no tuvo la oportunidad de aprender a regularse interactivamente con un adulto tranquilo y presente, así que no pudo disfrutar de los efectos calmantes y placenteros de la corregulación. Por tanto, cuando decide salir ahí fuera y conectar con otras personas, para ella son palabras mayores.

En el caso de los evitativos, el crecimiento relacional requiere lidiar con gran cantidad de dolor emocional, lo que significa que tienen que soltar y solucionar muchas estrategias de apego anestesiantes o desactivadoras que adquirieron en su camino. A veces, puede resultar difícil trabajar con los evitativos porque no siempre tienen la disposición necesaria para buscar ayuda o incluso comprender su experiencia interna muy bien. No olvides que su sistema nervioso no tuvo una oportunidad adecuada de disfrutar de una regulación interactiva en la niñez, y aprender a acceder a ese tipo de regulación es significativo para su sanación.

A las personas evitativas realmente hay que concederles el beneficio de la duda. Para pasar al apego seguro, necesitan tu apoyo y reconocimiento; necesitan que recibas sus pensamientos, sus sentimientos y su cuerpo físico con amor y ternura. Puede resultar difícil percibirlo en ocasiones, pero en el interior de los evitativos pasan muchas cosas, y necesitan más tiempo que otras personas para salir de ahí y volver a conectar contigo. Además, es posible que no tengan muy en cuenta los códigos sociales (o puede que a menudo los malinterpreten) y que tampoco se les dé bien emitir estas señales.

Es importante respetar y sustentar su necesidad de transición porque no se les da bien pasar de la soledad a la conexión. Como mencioné en el segundo capítulo, para ellos este cambio resulta estresante, lo cual explica por qué a veces pueden parecer desdeñosos, inquietos o enfadados. Cuanto ocurra esto, intenta recordar todo lo que sucede en su interior y haz lo que puedas para no tomarte su aspereza de forma personal. A eso me refiero cuando digo que hay que concederles el beneficio de la duda. Son capaces de amar pero, a veces, necesitan desactivar su sistema de apego para sentirse seguros. Esta tendencia disminuye cuando tienen acceso a más sustento a través del apego seguro.

Si das a los evitativos su espacio y respetas el tiempo que necesitan para volver a la relación contigo, no se parecerá tanto a intentar abrazar a un puercoespín. No digo que no debas tener ninguna reacción personal a su proceso, solo que intentes ser lo más accesible, comprensivo y alentador que puedas. Cuando los evitativos empiezan a sentirse seguros a nivel emocional y fisiológico, se dan cuenta de que las relaciones valen la pena y empiezan a valorar la conexión de formas que antes nunca se plantearon. Con este objetivo, también puede ser útil ayudarlos a identificar sus necesidades o, al menos, ser capaz de anticiparte tú a ellas, ya que a ellos no se les suele dar bien saber qué necesitan en el momento, permitir que otros los ayuden ni recurrir a ellos.

Evolucionar con parejas ambivalentes

Por el contrario, las personas con apego ambivalente a menudo han recibido cuidados y amor de pequeñas, pero sus cuidadores se los proporcionaban de forma impredecible e inconstante. De niños, nunca estaban seguros de qué aspecto de su progenitor aparecería, el amoroso y atento o el ausente y distraído (incluidos los padres demasiado preocupados y distraídos por sus propias heridas de apego). Este estilo de paternidad «ahora sí/ahora no» impide una conexión estable y relajada, lo cual aumenta la ansiedad y la sensibilidad a cualquier desaire percibido o proyectado. Mientras que la persona evitativa estaba demasiado tiempo sola y tenía demasiada poca interacción sustanciosa con una presencia parental cariñosa, la ambivalente pudo haber recibido amor pero, habitualmente, también sufría un exceso de estímulos o abandono intermitente. Los ambivalentes experimentaron intrusiones o interrupciones en la modulación del afecto regularmente, lo cual significa que no disfrutaron de padres o cuidadores que pudieran ayudarlos a contener o expresar las emociones de forma regulada. Por tanto, de adultos, pueden tener dificultades para sentir una amplia gama de emociones de forma modulada y manejable. Por estos motivos, las personas ambivalentes anhelan intensamente una conexión estable, pero no siempre se les da bien reconocer cuándo una relación es compasiva, afectuosa y digna de su confianza. Pueden no darse cuenta de los comportamientos afectuosos de su pareja o rechazar activamente lo que dicen que quieren, alejando así a las personas de las que más cerca quieren estar en su vida. Necesitan aprender cómo recibir amor y atención, y cómo experimentar plenitud y satisfacción sin el miedo incapacitante de perder la relación.

Si reconfortas de forma regular a una persona ambivalente, contribuirás en gran medida a calmar su sistema de apego. Cuando se activa y tiene miedo de perderte, puede actuar de formas que podrían poner en peligro la relación simplemente porque está experimentando un miedo muy intenso. Recomiendo encarecidamente no desencadenar esta respuesta, porque para una persona ambi-valente puede resultar muy difícil volver de las profundidades de su miedo al abandono. Haz todo lo que puedas por no responder de forma reactiva a su paradoja de apego y ayúdala a calmarse. No amenaces con dejarla o con terminar la relación. Cuando sepa que las cosas son seguras y que realmente vas a estar a su lado, su sistema de apego no exigirá conexión de forma tan estridente o tan regular.

Si no vas a estar tan disponible como de costumbre en tu re-lación con una persona ambivalente (puede que tengas que irte de la ciudad o simplemente vas a estar ocupado temporalmente con el trabajo), intenta estar conectado con tu pareja de alguna mane-ra. Saca el máximo partido de toda esta tecnología que nos rodea (llamadas, mensajes de texto, correo electrónico, Skype, FaceTi-me...) y trata de que ambos os sintáis conectados incluso cuando no podáis estar juntos como de costumbre. Si le recuerdas a tu pareja ambivalente que estás a su lado, que la amas y la echas de menos, que la valoras profundamente, que es extremadamente importante para ti, que es la persona con la que quieres pasar tu vida, que no puedes esperar para verla de nuevo, etc., te sorprenderá el poder que tiene la reafirmación alentadora.

Y, si puedes equilibrar tu vida de tal manera que tu pareja am-bivalente sepa que estás disponible para ella, tendrá un gran efecto calmante en cualquier comportamiento celoso por su parte. No importa si sospecha de tus amigos, tu trabajo o tus aficiones; lo que importa es que le hagas saber de formas tangibles lo importante que es para ti. Si lo haces, no se sentirá tan angustiada en caso de que ocasionalmente no estés disponible. Cuando riegas las semillas del apego seguro, tu pareja se puede relajar y no necesitará tanta reafirmación como antes. Necesita saber que es importante para ti; a ser posible, tu prioridad máxima. Cuando la persona ambivalente se calma, se relaja y encuentra la manera de confiar en la conexión contigo, se orienta hacia el apego seguro, y ambos os beneficiáis de ello. A medida que desaparezcan sus inseguridades, será más capaz de autotranquilizarse, se acercará a ti y profundizará su compromiso, además de que deseará tratarte como a un rey.

Evolucionar con parejas desorganizadas

Una pareja con apego desorganizado quiere conectar contigo y sentirse segura, pero su respuesta a la amenaza quedó entrelazada con su necesidad de apego a una edad temprana. Recuerda que se encuentra en esta situación de forma trágica y patente; de una manera u otra, ha sobrevivido a una experiencia de apego amenazadora antes de poder siquiera encontrarle sentido. Además, es probable que, hasta este momento de su vida, no haya pasado mucho tiempo con nadie que la haya ayudado a regular su sistema nervioso. Las personas con la adaptación desorganizada sienten los sentimientos con mucha más intensidad debido a esto; simplemente no han desarrollado los recursos neurológicos para gestionarlos.

Tu objetivo principal es recibir su miedo con mensajes de seguridad y regulación. Incluso algo tan simple como un abrazo con todo el cuerpo en el que hay contacto con el abdomen de la otra persona es algo extremadamente regulador. Independientemente de cómo lo hagas, acompáñala de la mejor forma que puedas para ayudarla a calmarse cuando tenga un estado de ansiedad y a animarla cuando se encuentre en un estado depresivo o esté encerrada en sí misma. Con este fin, es importante crear lugares seguros, incluso rituales de seguridad, para utilizarlos cuando tu pareja se sienta angustiada. Quizá no tenga que decirte nada, sino solo usar un gesto o una mirada que te indique que necesita que te acerques y la abraces. O puedes colocar un pie sobre el suyo para ayudarla a sentirse más enraizada cuando se manifieste una falta de regulación. O, si ves algún indicio de que se va a producir una activación, a lo mejor encuentras una forma directa de conectar y ofrecerle corregulación antes de que se desencadene la tormenta. También puedes intentar utilizar un objeto de transición (algo especial como una joya o una figurita muy apreciada) que le das a tu pareja cuando te vas a ausentar durante un tiempo o cuando se siente especialmente angustiada. Si permaneces con ella bastante tiempo, irás captando de forma natural lo que le funciona y lo que no. En un sentido muy real, es como escribir un manual sobre tu pareja, una especie de guía de campo.

Lo más importante es que sepa que estar cerca de ti es seguro. Si proyecta algún tipo de amenaza en ti (y podría hacerlo de vez en cuando), es importante que no se prolongue mucho en el tiempo. El contacto seguro es una herramienta maravillosa, y las palabras también pueden ser muy útiles cuando ocurre algo así. Intenta decirle: «Estás segura/o conmigo. Me preocupo por ti. Quiero ayudarte con tus sentimientos, y estoy aquí cuando estés lista/o. Si necesitas espacio, también está bien, basta con que me digas cuándo me necesitas». Haz todo lo que puedas para ayudar a tu pareja a salir de cualquier estado extremo en el que se encuentre. Si cuenta contigo de forma constante y la ayudas a reducir su sufrimiento, gradualmente se irá acercando al apego seguro y tú podrás disfrutar de una relación de calidad con mucha más facilidad. Esto podría tardar algún tiempo en ocurrir, pero resulta especialmente bello presenciar cómo alguien con apego desorganizado aprende a autorregularse y a sanar. Obviamente, también es importante que tu pareja te apoye de esta forma.

CÓMO TRABAJAR CON TU PROPIO ESTILO DE APEGO

Quiero reiterar que tu estilo de apego —y el de cualquiera— deriva de los patrones iniciales, que son inconscientes casi por completo y están grabados en el cuerpo. A menudo no reconocemos nuestras adaptaciones hasta la edad adulta, cuando algunos patrones concretos se manifiestan en las relaciones, o quizá porque hemos sido capaces de ser conscientes de esto gracias a terapias, retiros de meditación, autorreflexión, comentarios de nuestras parejas o de cualquier otra forma. Si tuvimos traumas en la niñez, también pueden resurgir aparentemente de la nada. A veces, estos incidentes tienen un vínculo directo con nuestras heridas de apego y, otras, se desencadenan por traumas adicionales que se producen de adultos, tales como accidentes, agresiones, pérdidas repentinas, etc.

Independientemente de cómo experimentemos estos episodios y patrones (y especialmente cuando tienen que ver con el apego inseguro), es importante recordar que no debemos culparnos por ellos. Sea cual sea el motivo, la vida nos pone por delante algo que dista de ser ideal y se nos queda incrustado fisiológicamente. Nuestro estilo de apego no es algo de lo que podamos escapar por hablarlo o desearlo; está muy dentro de nosotros y siempre está activo de forma automática. Por este motivo, es crucial tratarnos con compasión. También debemos ser compasivos con los demás, obviamente, pero es fundamental empezar por uno mismo.

Cuando tengas una relación con alguien, asegúrate de practicar el autocuidado siempre que sientas que surge algo complicado. Una forma fácil de hacerlo es tomarte un descanso cuando lo necesites. Las cosas se intensifican de vez en cuando, y puede que te venga bien dejar que se calmen un poco antes de resolver un conflicto. Tómate un descanso de tu pareja, ve a dar un paseo por la naturaleza, llama a un amigo para que te brinde apoyo, habla con tu terapeuta, busca tu centro un poco más y, después, ponte en contacto con tu pareja para ver si está dispuesta y preparada para la reconciliación. Hazle saber cuánto tiempo vas a ausentarte y cuándo volverás.

A continuación, te presento otra práctica de autocuidado adicional (y quizá inusual) a la que puedes recurrir cuando sientas que empieza a surgir tensión o incomodidad.

EJERCICIO Investigar la incomodidad

Sea cual sea tu tipo de incomodidad (puede que te sientas inexplicablemente estresado cuando tu pareja se acerca físicamente o que notes ansiedad cuando está a punto de marcharse por unos días), siente el dolor, ríndete a él y acompáñalo tanto tiempo como puedas de forma manejable. Puede que esto sea exactamente lo opuesto a lo que deseas hacer, y no pasa nada. Solo inténtalo. Creo que te sorprenderá lo que ocurre.

Para que quede claro, no se trata de sumergirse en sensaciones de estar abrumado y de aferrarse a esa experiencia de forma masoquista pase lo que pase. Me refiero más bien a las olas iniciales de incomodidad: un creciente nudo en el estómago, un ligero dolor de cabeza localizado sobre las orejas, una tensión en el pecho o los hombros, o una sensación indeterminada y difícil de ubicar de miedo que se apodera de ti. La siguiente vez que te ocurra algo así, intenta este ejercicio antes de pasar a tus estrategias habituales de autocuidado.

Localiza la incomodidad en tu cuerpo. ¿Dónde está exactamente? ¿Está en un lugar concreto, se mueve de un sitio a otro, va y viene? Observa con detalle su forma y su textura. Ábrete a mirar tu incomodidad de una forma tangible que puede ser completamente nueva para ti.

Nota que las sensaciones se producen completamente en tu cuerpo. Ten en cuenta que todo lo que estás sintiendo viene de dentro. Intenta pensar que la incomodidad no tiene que ver con tu pareja, sino con tu historial de apego. Ese es el origen de tu incomodidad. Si sientes resistencia en este paso, también está bien. Simplemente observa las sensaciones que surgen de esa resistencia. ¿Son diferentes de la incomodidad inicial? ¿Cómo son?

Siente lo que ocurre ahora en tu cuerpo. Reconoce estas sensaciones como tu historial de apego expresándose de la única forma que puede hacerlo. Dale la bienvenida. Ofrécele su espacio. Ábrele tu corazón y escucha lo que tiene que decirte. ¿Qué quiere decirte?

Vuelve a tu cuerpo. ¿Ha cambiado algo? ¿Las sensaciones son más fuertes o más débiles? ¿Se han movido a alguna otra parte del cuerpo? ¿Notas diferentes sensaciones, quizás alguna asociada con la relajación y el bienestar?

Pase lo que pase en esta práctica, acógelo lo mejor que puedas con atención amable. Si las cosas se ponen muy intensas, puedes parar. Lleva la atención a una actividad personal que te estabilice profundamente, un recurso que te ofrezca alivio y regulación. Tomarte un respiro y volver a intentarlo en otro momento puede ser un acto de compasión poderoso.

Independientemente de tu historial de apego, la vida no siempre es una lucha. Todos experimentamos momentos y etapas de bondad, felicidad y satisfacción, si bien a veces mucho más fugaces de lo que nos gustaría. E incluso los que tenemos relaciones difíciles podemos sentirnos conectados con nuestra pareja, enraizados y calmados en ocasiones. Es importante prestar atención a estos momentos. El cerebro y el sistema nervioso se centran bastante en las experiencias negativas; de lo contrario, nunca habríamos puesto la atención suficiente para sobrevivir como especie. Como ya he mencionado, Rick Hanson (y muchos otros) señala que reprogramar las heridas antiguas requiere reconocer lo que va bien en nuestra vida: seguridad, protección, felicidad, etc.[12] La vida también es todo esto, y reconocer este hecho nos permitirá aliviar el malestar habitual y conectar con los demás de formas sanas y con límites. A fin de reprogramar nuestra tendencia a centrarnos en lo negativo, es importante observar lo positivo cuando surge, prestar realmente atención a la experiencia más tiempo del que acostumbramos y dejar que nuestra neuroplasticidad haga su trabajo. Recomiendo al menos entre quince y treinta segundos, o más si es posible. Realmente podemos alterar nuestro cerebro de esta manera y sintonizarlo con nuestra frecuencia natural de apego seguro.

Por último, para algunos de nosotros puede existir sin duda una fase de «fingirlo hasta lograrlo» en el viaje hacia el apego seguro. Todos actuamos de formas que no nos gustan a veces, y resulta especialmente doloroso cuando lo hacemos con las personas a las que amamos. Haz todo lo que puedas por aceptar el hecho de que esos momentos son inevitables, pero ten en cuenta también que no estás atrapado en un guion conductual rígido determinado por nuestros cuidadores hace mucho tiempo. También resulta beneficioso practicar las habilidades de apego seguro (HAS) siempre que puedas, sobre todo en tus relaciones. Y, como indiqué antes, si buscas una pareja con apego seguro, intentar estas habilidades aumentará tus probabilidades de atraerla y de establecer una relación revitalizadora. Con este propósito, repasa el primer capítulo y la lista que encontrarás al principio de este capítulo que describe cómo son las parejas con apego seguro. No pienses que tienes que intentarlo todo de una vez; basta con que elijas un par de atributos y técnicas que te resulten más naturales y que resuenen con los dones que ya aportas a la relación.

DECIR ADIÓS A UNA RELACIÓN

Lamentablemente, no siempre es posible permanecer en pareja. A veces, continuar trabajando para mantener la relación no es la mejor elección. Y en ocasiones, tenemos que tomar la decisión de pasar página, aprender de la experiencia, sanar lo máximo posible e intentarlo de nuevo. Antes de enumerar las reflexiones a continuación (que también derivan en parte del trabajo de Amir Levine y Rachel Heller[13]), quiero dejar totalmente claro que este tipo de decisiones solo las puedes tomar tú. Ni yo ni ningún otro profesional debería sugerirte nunca que tomes decisiones que contradigan tu propia inteligencia y tu sentido de integridad. Las siguientes dificultades podrían estar presentes en la experiencia de tu relación actual, pero eso no quiere decir que te recomiende ponerle fin. Como con todas las decisiones de la vida, esta también te pertenece. Te ofrezco esta lista simplemente como puntos que tener en cuenta desde la perspectiva del apego y dando por sentado que las relaciones son mucho más complejas de lo que cualquier perspectiva pueda describir o dilucidar.

Dicho esto, estas son algunas cosas que puedes tener en cuenta y que podrían indicar que tu relación dista de ser ideal:

- Con regularidad sientes alguna angustia sobre tu relación.
- Tenéis peleas constantemente o de forma habitual y nunca parecen llevar a ninguna parte.
- Periodos de cercanía suelen preceder a giros drásticos hacia el conflicto y el distanciamiento. Parece que nunca puedes acceder del todo a un estado de satisfacción, sanación y sustento.
- Tienes profundas y constantes dudas sobre tu capacidad y la de tu pareja en cuanto a la cercanía. Existen demasiadas

diferencias constantes entre ambos en cuanto al deseo de conectar y la necesidad de distancia.

- Tu pareja no está disponible para el cambio positivo. Está cerrada o demasiado centrada en sus propias dificultades y su ansiedad.
- Hay un desequilibrio significativo entre los dos en lo relacionado con la comunicación, la participación en la relación y la generosidad, es decir, estar dispuesto a dar sin reservas al otro y a la relación.
- Sientes que te has convertido en el enemigo de tu pareja en lugar de ser su persona amada. Tu pareja parece más feliz con sus amigos y familiares, y se sincera con ellos más que contigo.
- Uno de los dos quiere una relación exclusiva y monógama, mientras que el otro quiere una relación abierta poliamorosa; no podéis llegar a un acuerdo viable.

En el mejor de los casos, puede que hayas encontrado a alguien comprometido con el crecimiento mutuo, la evolución y una relación sana. Lamentablemente, no todas las personas tienen tal interés o capacidad, y solo tú puedes evaluar si hay suficiente con lo que trabajar. Las relaciones pueden ser difíciles incluso con las mejores circunstancias, así que es importante que ambos tengáis un interés compartido. Sin embargo, antes de tomar una decisión definitiva, creo que siempre es buena idea hacer lo posible por mejorar tus propias facultades seguras. Sin duda, esto puede llevarte un tiempo, pero contribuirá considerablemente a la hora de evaluar la relación. Y si finalmente tu relación actual no funciona, te habrás encaminado en una dirección positiva en busca de una relación con apego seguro en el futuro.

NOTA FINAL

Independientemente de dónde te encuentres dentro de este viaje, espero que halles la manera de aumentar la alegría en tu vida, de disfrutar de la presencia, la jovialidad y la protección en compañía de otras personas, y de sentir profundamente todo el amor y la conexión que te mereces. Tanto para parejas homosexuales como heterosexuales, mi firme deseo es que todos aprendamos a amar libremente, a amar mejor y a recibir lo mismo de los demás. En mi caso, a eso aspiro al trabajar con estas adaptaciones de apego.

A medida que avanzamos hacia el apego seguro, nuestras capacidades naturales salen a la luz. Somos más compasivos con nosotros mismos y con los demás; desarrollamos un sentido de identidad sano y, al mismo tiempo, nos hacemos más altruistas. Aumenta nuestra integración cerebral y todos los beneficios de cada una de nuestras distintas partes convergen. Podemos sintonizar con nosotros mismos, pero también con otras personas. La corteza prefrontal madura y se desarrolla, y esa sensibilidad con nosotros mismos y con los demás nos beneficia a todos. Con el tiempo, no existe división entre cuidarnos a nosotros mismos, atender a los demás, contribuir a nuestra comunidad y proteger el planeta. Nos convertimos en ciudadanos globales y ecosostenibles interesados en lo que nos beneficia a todos. Dejamos de ver el mundo únicamente a través del prisma de la escasez y la competencia, y en su lugar colaboramos con una comprensión amplia y un cuidado expansivo de cualquier forma de vida.

Imagina las posibilidades. Piensa en lo diferente que sería el mundo si todos los líderes tuvieran cierta comprensión del apego seguro, cómo tratar a los demás con respeto y dignidad, cómo resolver los conflictos para beneficio mutuo, cómo negociar los diferentes intereses y necesidades, y cómo vivir con asombro, gratitud y amor. Sé que es mucho pedir, pero creo que este sueño es posible. Si entendemos el apego seguro y conocemos sus indicadores y habilidades, es posible todo esto y más.

Todo está justo ahí dentro de nosotros. Estamos programados para el apego seguro; contamos con todo lo necesario. En el fondo, todos estamos diseñados para la intimidad, la conexión, la conciencia y el amor. Somos criaturas maravillosas y mágicas, y vernos así mutuamente es un magnífico regalo para todos los implicados. Ábrete a esta realidad. Ábrete a todo lo que significa convertirse en completamente humano, en llegar a ser la mejor versión de ti mismo. Puedes hacerlo; todos podemos. Estamos diseñados para ello.

AGRADECIMIENTOS

Podría llenar este libro con los nombres y los méritos de las personas a quienes profeso gratitud y aprecio. La lista siguiente no es exhaustiva de ninguna manera, y pido disculpas de antemano a cualquiera que no esté incluido. Os doy las gracias a todos con frecuencia en mi corazón, incluso si no lo hago ahora por escrito.

En primer lugar, quiero agradecer la genialidad de Peter Levine en su dedicación durante toda la vida a una búsqueda para aliviar el sufrimiento humano, cuya culminación es Somatic Experiencing (SE). Peter ha sido determinante en mi viaje personal de sanación desde un trauma extremo hacia la recuperación de la resiliencia y el desarrollo de una comprensión profunda que ha sustentado mis iniciativas y descubrimientos profesionales a lo largo de todo el camino. Quiero dar las gracias al equipo docente de SE pasado y presente, en especial a los amigos con los que he trabajado más estrechamente: Nancy Napier, Maggie Phillips, Raja Selvam, Marianne Bentzen, Anngwyn St. Just, Steve Hoskinson, Larry Heller y Kathy Kain. También quiero expresar mi aprecio al increíble personal de Somatic Experiencing en el SETI y en Ergos Institute, en concreto a Justin Snavely.

Asimismo, debo mucho a las grandes figuras de la teoría del apego, así como a los maravillosos terapeutas, autores e investigadores que realizan un sensacional trabajo en los campos de la recuperación del trauma y la mejora de la conexión y la sanación en las relaciones: John Bowlby, Mary Ainsworth, Mary Main, Marion Solomon, Ed Tronick, Allan Schore, Sue Johnson, Maggie Phillips, Diana Fosha, David Wallin, Amir Levine, Rachel Heller, Stan Tatkin, Tracey Boldemann-Tatkin, Ellyn Bader, Peter Pearson, Terry Real, Pat Love, Michele Wiener-Davis, Joan Borysenko, Linda Graham, Lisa Ferenz, Mary Jo Barrett, Bill O'Hanlon, Peter Cummings, David Grand, Bruce Ecker, Frank Anderson, Richard Schwartz, John Howard, Rachel Cahn y Jeff Pincus. Tengo la gran suerte de que muchos de ellos colaboren conmigo en la actualidad. Ofrezco mi eterna admiración y gratitud a todos.

También quiero expresar mi gratitud a Stephen Porges por su inteligencia, su cordialidad y la investigación revolucionaria que subyace a gran parte del trabajo somático que se realiza hoy en día. Con respecto a esto último, hago extensivo mi agradecimiento a la brillantez de Dan Siegel, Bonnie Badenoch, Janina Fisher, Pat Ogden, Rick Hanson, Bessel van der Kolk, Robert Scaer, Babette Rothschild, Belleruth Naparstek, Ray Castellino, Bonnie Mark-Goldstein y John y Anna Chitty por su aportación al uso efectivo de estrategias somáticas, además de la neurociencia para la resolución de traumas y la comprensión de la importancia fundamental de sanar las heridas de apego. También doy las gracias a John Bilorusky por proporcionarme una orientación excelente durante mis estudios de doctorado en el Western Institute for Social Research (WISR).

Me gustaría expresar mi más sincera gratitud a los compañeros docentes de los programas de formación profesional Dynamic Attachment Re-patterning experience (DARe) y Somatic Attachment Training experience (SATe): Patti Elledge, Patricia Meadows, Elisabeth Schneider-Kaiser, Alicen Halquist, Sara Swift y Judith Beermann Zeligson; también a los innumerables y entregados asistentes, incluidos, entre otros: Jennifer Jonell, Wanda Brothers, Margaret Crockett, Jane Cohen, Wendy Hubbard, Teri Sullivan Lutz, Gil Shalit, Daniel Vose, Martha Brandt, Kirtan Coan, Erin Brandt, Cathy Latner, Char Dillon, Linda Chrisman, Amar Huang, Patricia McKay, Lars Johansen, Sabina Scheffler, Heidi Wittkop, Najakat Ute Kalinke, Marianne Mueller y Ellen Stautenberg. Y siempre estaré agradecida y en deuda con el personal de Trauma Solutions, que en todo momento me respalda. Todos sus integrantes me ofrecen apoyo constante de tantas formas que es imposible enumerarlas aquí: Mary Niebch, Tim Coyle, Jennifer Jonell y Kristine Parrinello. También me gustaría dar las gracias a Eben Pagan, Jeff Walker y Ruth Buczynski por ayudarme a saber cómo ofrecer valor educativo con integridad, y a mis numerosos colegas y asociados que hacen posible mi trabajo: Brian Spielmann (incluido su socio, Richard Taubinger) y su competente personal: Ian MacPherson, Asa Henderson y Artem Nikulkov, así como Felix, Erik y Katy. Muchas gracias a Jacqueline Carleton y su equipo de becarios, Myriam Schottenstein y Diana Scime-Sayegh, por su ayuda para organizar las transcripciones y los materiales de las formaciones presenciales para las posteriores publicaciones profesionales. También quiero expresar mi eterna gratitud a las excelentes personas que integran Sounds True: Tami Simon, que me invitó a publicar dos libros; Stephen Lessard y su equipo por su trabajo en el programa de audio *Healing Your Attachment Wounds* [Sana tus heridas de apego], y Robert Lee por su buen hacer a la hora de escribir, organizar y editar ese material para crear el presente libro.

Quiero expresar mi reconocimiento y respeto por todos los profesores, guías, aliados y coexploradores que me han acompañado a lo largo de mi viaje espiritual: Laurel Keyes, Paul Chivington, Kurt Leland, Hameed Ali, Faisal Muqaddam, Morton y Deborah Letofsky, Linda Krier, Prabha Bell, Amano Atwood, Carolyn

Tricomi, Nancy Napier, Neila Frisch, Rennie Moran, Gil Shalit, Manohar Croke, Christian Koln, Rani Willams, Velusia van Horsen, Darshana Mathews, Florian Usener, Najma Neuhoff, Madhurima Margit Rigtrup, Dominie Cappadonna, Sara Swift, William Allen, Anna Chitty y el dalai lama. ¡Gracias a todos! Mi madre y mi padre me inculcaron un código moral inestimable que abarca el valor de la educación, la importancia de ayudar a los demás y el hecho de enfrentarse a los retos de la vida con una honesta perseverancia. Su apoyo constante, así como algunas de las inevitables dificultades de la vida, me dieron el empujón necesario para explorar mi mundo interno y el externo. Les estaré eternamente agradecida. También quiero reconocer al resto de miembros de mi familia que me han apoyado de tantas maneras y que están inextricablemente ligados a este viaje: mis hermanos, Dick y Barb; mis sobrinas, Andrea, Kelly y Jessica; mi sobrino, Jason; mis sobrinas nietas, Michaela y Mari; todas las parejas de mis familiares, Barb, Jay, Zach y Mike, mi hijastro, Kevin, y su familia. Os quiero mucho a todos.

Por último, quiero dar las gracias a mis muchos clientes y estudiantes por ofrecerme el gran privilegio de acompañarlos en sus increíbles viajes para transformar el trauma y reparar conexiones interrumpidas. Han sido mis mayores maestros, y mi trabajo no habría sido posible sin ellos. Todos y cada uno de estos encuentros me han inspirado y me han enriquecido. Gracias a todos.

NOTAS

Introducción

1. Stan Tatkin, *We Do: Saying Yes to a Relationship of Depth, True Connection, and Enduring Love* [Sí, queremos: decir sí a una relación con profundidad, conexión verdadera y amor duradero] (Boulder, Colorado, Estados Unidos: Sounds True, 2018).

2. David McNamee, «Coma Patients Show Improved Recovery from Hearing Family Voices» [Los pacientes en coma se recuperan mejor si oyen las voces de sus familiares], *Medical News Today*, 23 de enero de 2015, medicalnewstoday.com/articles/288463.php.

3. Simone Schnall *et al.*, «Social Support and the Perception of Geographical Slant [Asistencia social y la percepción del punto de vista geográfico]», *Journal of Experimental Social Psychology* 44, n.º 5 (septiembre de 2008): 1246-1255, doi.org/10.1016/j. jesp.2008.04.011.

4. Marion Solomon y Stan Tatkin, *Love and War in Intimate Relationships: Connection, Disconnection, and Mutual Regulation in Couple Therapy* [Amor y guerra en las relaciones íntimas: conexión, desconexión y regulación mutua en la terapia de pareja] (Nueva York, Estados Unidos: Norton, 2010).

5. Daniel J. Siegel, «Imagining Tomorrow: Healing and Hope in the Human Age [Imaginar el mañana: sanación y esperanza en la edad humana]» (discurso inaugural con Diane Ackerman), 28 de marzo de 2015, Conferencia de Psychotherapy Networker, Washington, D. C., Estados Unidos.

6. *Oprah's SuperSoul Sessions*, episodio 101, «Oprah Winfrey, Brené Brown y Tim Storey», emitido el 13 de diciembre de 2015 en OWN, oprah.com/own-supersoulsessions/oprah-winfrey-brene-brown--tim-storey.

7. Barbara Fredrickson, *Love 2.0: Finding Happiness and Health in Moments of Connection* [Amor 2.0: cómo encontrar la felicidad y la salud gracias a los momentos de conexión] (Nueva York, Estados Unidos: Hudson Street Press, 2013).

8. Stephen Porges, «A moderated discussion of Stephen Porges' work, including a discussion of the clinical application of Polyvagal Theory» [Un debate moderado sobre el trabajo de Stephen Porges, incluida la aplicación clínica de la teoría polivagal], *Psychotherapy 2.0: Leading-Edge Discoveries on Neuroscience, Trauma, Mindfulness, and Attachment Therapy* (serie de seminarios web de Sounds True), 18 de septiembre de 2015.

9. Rick Hanson y Richard Mendius, *Buddha's Brain: The Practical Neuroscience of Happiness, Love, and Wisdom* (Oakland, CA: New Harbinger, 2009), 40-42. [El cerebro de Buda: la neurociencia de la felicidad, el amor y la sabiduría, Santander, Editorial Milrazones, 2011].

10. Bruce Ecker, «Working with Implicit and Explicit Memory to Heal Trauma and Attachment [Cómo trabajar con la memoria implícita y explícita para sanar el trauma y el apego]», *Therapy Mastermind Circle* (serie de seminarios web con Diane Poole Heller), publicación original el 8 de agosto de 2017, dianepooleheller.com/working-implicit-explicit-memory-heal-trauma-attachment/.

11. Dan Siegel, «Dan Siegel: Me + We = Mwe», vídeo, 1:29, 9 de febrero de 2016, youtube.com/watch?v=uo8Yo4UE6g0.

Capítulo 1

1. Edward Z. Tronick y Andrew Gianino, «Interactive Mismatch and Repair: Challenges to the Coping Infant [Desajuste y solución interactivos: retos de los estilos de adaptación de los niños]», *Zero to Three* 6, n.º 3 (febrero de 1986): 1-6.

2. D. W. Winnicott, *Realidad y juego* (Barcelona: Editorial Gedisa, 2008).

3. Tronick y Gianino, «Interactive Mismatch and Repair», 1-6.

4. Daniel Goleman, «Three Kinds of Empathy: Cognitive, Emotional, Compassionate» [Tres tipos de empatía: cognitiva, emocional y compasiva] (publicación de blog), 12 de junio de 2007, danielgoleman.info/three-kinds-of-empathy-cognitive-emotional-compassionate/.

5. Stan Tatkin, «Ejercicio de bienvenida a casa para parejas», vídeo, 4:05, 23 de septiembre de 2009, youtube.com/watch?v=V9FBdC2Kykg; Marion Solomon y Stan Tatkin, *Love and War in Intimate Relationships: Connection, Disconnection, and Mutual Regulation in Couple Therapy* [Amor y guerra en las relaciones íntimas: conexión, desconexión y regulación mutua en la terapia de pareja] (Nueva York, Estados Unidos: Norton, 2010).

6. Liz Burke, «This Is Why You Want to Rip Your Partner's Head Off [Este es el motivo de que quieras arrancarle la cabeza a tu pareja]», *New York Post*, 2 de julio de 2017, nypost.com/2017/07/02/this-is-why-you-want-to-rip-your-partners-head-off/.

7. Sybil Carrere y John M. Gottman, «Predicting Divorce Among Newlyweds from the First Three Minutes of a Marital Conflict Discussion [Cómo predecir el divorcio en recién casados a partir de los tres primeros minutos de una discusión marital]», *Family Process* 38, n.º 3 (1999): 293-301, doi. org/10.1111/j.1545-5300.1999.00293.x.

8. Marjorie Beeghly y Ed Tronick, «Early Resilience in the Context of Parent-Infant Relationships: A Social Developmental Perspective [Resiliencia temprana en el contexto de las relaciones paternofiliales]», *Current Problems in Pediatric and Adolescent Health Care* 41, n.º 7 (agosto de 2011): 197-201, doi. org/10.1016/j.cppeds.2011.02.005; Diane Poole Heller, «Pacticing Relationship Repairs» [Practicar la reconciliación en las relaciones] (publicación de blog), 30 de septiembre de 2016, dianepooleheller.com/practicing-relationship-repairs/.

9. Caroline Myss, *Why People Don't Heal and How They Can* [Por qué la gente no sana y cómo pueden hacerlo] (Nueva York, Estados Unidos: Three Rivers Press, 1997), 6.

10. Amir Levine, «Deciphering Attachment Styles in Everyday Life for Dating and Relationships» [Cómo descifrar los estilos de apego en las citas y las relaciones] (discurso principal), 9 de abril de 2016, Conferencia DARe to Connect: Attachment, Trauma & Intimacy, Boulder, Colorado (Estados Unidos).

Capítulo 2

1. Saul McCloud, «Mary Ainsworth», *Simply Psychology*, actualizado el 5 de agosto de 2018, simplypsychology.org/mary-ainsworth.html.

2. «Disorganized Attachment: How Disorganized Attachments Form & How They Can Be Healed» [Apego desorganizado: cómo se forman los apegos desorganizados y cómo se pueden sanar], *Psych Alive*, acceso el 1 de septiembre de 2018, psychalive.org/disorganized-attachment; Kendra Cherry, «The Story of Bowlby, Ainsworth, and Attachment Theory: The Importance of Early Emotional Bonds [La historia de Bowlby, Ainsworth y la teoría del apego: la importancia de los vínculos emocionales tempranos]», *Verywell Mind*, 19 de febrero de 2018, verywellmind.com/what-is-attachment-theory-2795337.

3. Marion Solomon, *Lean on Me: The Power of Positive Dependency* [Cuenta conmigo: el poder de la dependencia positiva] (Nueva York, Estados Unidos: Simon & Schuster, 1994).

Capítulo 3

1. Amir Levine and Rachel Heller, *The New Science of Adult Attachment and How It Can Help You Find —and Keep— Love* (New York: TarcherPerigee, 2012), 177-182 [*Maneras de amar: la nueva ciencia del apego adulto y cómo puede ayudarte a encontrar el amor... y conservarlo* (Madrid: books4pocket, 2016)].

2. ABC News, «Tips for Moms with Newborn Babies» [Consejos para mamás con bebés recién nacidos], *World News Now*, 12 de mayo de 2011, youtube.com/watch?v=G1g6ecQiw5I.

3. Stan Tatkin, *Conectados para el amor: descifra el cerebro de tu pareja para que tengas una relación más sólida* (Grijalbo, 2015).

4. Levine y Heller, *Attached* [Maneras de amar], 177-182.

5. Rick Hanson, Conferencia de FACES, San Diego (Estados Unidos), mayo de 2015.

6. Gary Chapman, *Los 5 lenguajes del amor: el secreto del amor que perdura* (Medley, Florida, Estados Unidos: Unilit, 2017).

7. Dan Siegel, «Wheel of Awareness» [La rueda de la conciencia], acceso el 4 de septiembre de 2018, drdansiegel.com/resources/wheel_of_awareness/.

Capítulo 4

1. Dan Siegel, *La mente en desarrollo: cómo interactúan las relaciones y el cerebro para modelar nuestro ser*, 3.ª edición (Desclée De Brouwer, 2007); Sarah Jenkins, «Trauma and Dissociation: Beyond Your "Window of Tolerance"» [Trauma y disociación: más allá de tu «ventana de tolerancia»], *GoodTherapy* (blog), 23 de junio de 2016, goodtherapy.org/blog/ trauma-dissociation-beyond-your-window-of-tolerance-0623165.

2. «Disorganized Attachment: How Disorganized Attachments Form & How They Can Be Healed» [Apego desorganizado: cómo se forman los apegos desorganizados y cómo se pueden sanar], *Psych Alive*, acceso el 19 de septiembre de 2018, psychalive.org/disorganized-attachment.
3. Peter Payne, Peter A. Levine y Mardi A. Crane-Goudreau, «Somatic experiencing: using interoception and proprioception as core elements of trauma therapy» [*Somatic Experiencing*: uso de la interocepción y la propiocepción como elementos centrales de la terapia del trauma], *Frontiers in Psychology*, 4 de febrero de 2015, frontiersin.org/articles/10.3389/ fpsyg.2015.00093/full.
4. Peter Levine, Stephen Porges y Maggie Phillips, «Healing Trauma and Pain Through Polyvagal Science and Its Interlocking Somatic Interventions» [Sanación del trauma y el dolor mediante la ciencia polivagal y sus intervenciones somáticas entrelazadas], acceso el 4 de septiembre de 2018, maggiephillipsphd.com/Polyvagal/EBookHealingTraumaPainThroughPolyvagalScience.pdf.
5. Stephen Porges, «The Polyvagal Theory with Stephen Porges, PhD» [La teoría polivagal con el doctor Stephen Porges], entrevista de David Van Nuys, *Shrink Rap Radio* n.º 265, 3 de junio de 2011, shrinkrapradio.com/265.pdf.
6. Rachel Hosie, «How Personal Space Boundaries Vary in Different Countries» [Cómo varían los límites espaciales personales en distintos países], *Independent*, 2 de mayo de 2017, independent. co.uk/life-style/personal-space-boundaries-different-countries-argentina-uk-romania-a7713051.html.
7. Patti Wood, *¡Zasss!: cómo sacar el máximo partido a la primera impresión que causas, a tu carisma y a tu lenguaje corporal* (Málaga, Sirio, 2014).
8. David Wallin, «Because Connection Takes Two: the Analyst's Psychology in Treating the 'Connection Resistant' Patient» [La conexión requiere dos personas: psicología del analista para tratar al paciente con «resistencia a la conexión»], *International Journal of Psychoanalytic Self-Psychology* 9, n.º 3 (2014): 200-207, doi.org/10.1080/15551024.2014.917460.

Capítulo 5
1. Stan Tatkin, «Find Your Mentor Couple» [Encuentra tu pareja mentora] (publicación de blog), 2013, stantatkinblog.wordpress.com/2012/12/27/ find-your-mentor-couple/.
2. Kim John Payne y Diane Poole Heller, *Secure Attachment Parenting in the Digital Age: Neuroscience, Technology & the Next Generation* [Paternidad con apego seguro en la era digital: neurociencia, tecnología y la próxima generación] (serie de seminarios web), publicación original el 6 de noviembre de 2017, attachmentmastery.com/parenting/.
3. Amir Levine, «Deciphering Attachment Styles in Everyday Life for Dating and Relationships» [Cómo descifrar los estilos de apego en las citas y las relaciones] (discurso principal), 9 de abril de 2016, Conferencia DARe to Connect: Attachment, Trauma & Intimacy, Boulder, Colorado (Estados Unidos).
4. Stan Tatkin, «Does Your Relationship Come First? The Secrets of Secure Functioning Relationships» [¿Tu relación es lo primero? Los secretos de las relaciones con apego seguro] (discurso principal), 8 de abril de 2017, Conferencia DARe to Connect: Attachment, Trauma & Intimacy, Boulder, Colorado (Estados Unidos).

5. Stan Tatkin, *Conectados para el amor: descifra el cerebro de tu pareja para que tengas una relación más sólida* (Grijalbo, 2015).
6. Ibid.
7. Amir Levine y Rachel Heller, *Attached: The New Science of Adult Attachment and How It Can Help You Find —and Keep— Love* (Nueva York: TarcherPerigee, 2012), 11 [Maneras de amar: la nueva ciencia del apego adulto y cómo puede ayudarte a encontrar el amor... y conservarlo (Books4Pocket, Ediciones Urano, 2016)].
8. Stan Tatkin, *Wired for Dating: How Understanding Neurobiology and Attachment Style Can Help You Find Your Ideal Mate* [Programados para las citas: cómo entender la neurobiología y el estilo de apego puede ayudarte a encontrar la pareja ideal] (Oakland, California (Estados Unidos): New Harbinger, 2016).
9. Levine y Heller, *Attached* [Maneras de amar], 136-137, 235-236, 245-251.
10. John Bowlby, *El apego y la pérdida, volumen 2 (La separación)* (Barcelona: Ediciones Paidós Ibérica, 1985); Cindy Hazan y Phillip Shaver, «Romantic Love Conceptualized as an Attachment Process» [El amor romántico conceptualizado como un proceso de apego], *Journal of Personality and Social Psychology* 52, n.º 3 (marzo de 1987): 511-524, pdfs.semanticscholar.org/a7ed/78521d0d3a52b6ce532e89ce6ba185b355c3.pdf.
11. Levine y Heller, *Attached* [Maneras de amar], 52-54, 100-101, 116-117, 120-122, 161 (evitativo); 57-59, 81, 160-162 (ansioso/ambivalente).
12. Rick Hanson y Richard Mendius, *Buddha's Brain: The Practical Neuroscience of Happiness, Love, and Wisdom* (Oakland, CA: New Harbinger, 2009), 67-77. [*El cerebro de buda: la neurociencia de la felicidad, el amor y la sabiduría*, Santander, Editorial Milrazones, 2011].
13. Levine y Heller, *Attached* [Maneras de amar], 160-162, 190-193, 206-207.

BIBLIOGRAFÍA

Todos los que trabajamos en este campo le debemos mucho a los que vinieron antes y sentaron las bases para nuestras iniciativas. También estaremos siempre en deuda con los pioneros en este ámbito, cuyo trabajo orienta y mejora el nuestro. Si tienes interés en aprender más sobre el apego seguro o cualquiera de las áreas relacionadas que he incorporado en mi trabajo, te recomiendo encarecidamente la siguiente lista de escritores, investigadores y terapeutas brillantes, la mayoría de los cuales ya he mencionado en los capítulos anteriores. Evidentemente, este libro no habría sido posible sin la ardua labor de estas maravillosas personas.

Ainsworth, Mary D. Salter. *Infancy in Uganda: Infant Care and the Growth of Love* [Infancia en Uganda: el cuidado de bebés y el desarrollo del amor]. Baltimore: Johns Hopkins Press, 1967.

Ainsworth, Mary D. Salter, Mary C. Blehar, Everett Waters y Sally N. Wall. *Patterns of Attachment: A Psychological Study of the Strange Situation* [Patrones de apego: un estudio psicológico de la situación extraña]. Nueva York: Psychology Press, 2015.

Badenoch, Bonnie. *Being a Brain-Wise Therapist: A Practical Guide to Interpersonal Neurobiology* [El terapeuta experto en el cerebro: guía práctica para la neurobiología interpersonal]. Nueva York: Norton, 2008.

——. *The Heart of Trauma: Healing the Embodied Brain in the Context of Relationships* [El corazón del trauma: sanar el cerebro encarnado en el contexto de las relaciones]. Nueva York: Norton, 2014.

Bader, Ellyn y Peter Pearson. *In Quest of the Mythical Mate: A Developmental Approach to Diagnosis and Treatment in Couples Therapy* [En busca de la pareja mítica: un enfoque evolutivo del diagnóstico y el tratamiento en la terapia de pareja]. Abingdon, Reino Unido: Routledge, 2014.

——. *Tell Me No Lies: How to Stop Lying to Your Partner —and Yourself— in the 4 Stages of Marriage* [No me mientas: cómo dejar de mentir a tu pareja]. Nueva York: St. Martins, 2001.

Beebe, Beatrice, Phyllis Cohen y Frank Lachmann. *The Mother-Infant Interaction Picture Book: Origins of Attachment* [El libro ilustrado de la interacción madre-bebé]. Nueva York: Norton, 2016.

Beebe, Beatrice, Phyllis Cohen, K. Mark Sossin y Sara Markese (editores). *Mothers, Infants, and Children of September 11, 2001: A Primary Prevention Project* [Madres, bebés y niños del 11 de septiembre de 2001: un proyecto de prevención inicial]. Abingdon, Reino Unido: Routledge, 2012.

Beebe, Beatrice y Frank Lachmann. *The Origins of Attachment: Infant Research and Adult Treatment* [Los orígenes del apego: investigación sobre bebés y tratamiento en adultos]. Abingdon, Reino Unido: Routledge, 2013.

Bentzen, Marianne. *The Neuroaffective Picture Book: An Illustrated Introduction to Developmental Neuropsychology* [El libro ilustrado neuroafectivo]. Berkeley, California, Estados Unidos: North Atlantic Books, 2018.

——. *Through Windows of Opportunity: A Neuroaffective Approach to Child Psychotherapy* [Ventanas de oportunidad: un enfoque neuroafectivo a la psicoterapia infantil]. Abingdon, Reino Unido: Routledge, 2015.

Bowlby, John. *El apego y la pérdida 1 (El apego)*. Barcelona: Paidós Ibérica, 1993.

——. *El apego y la pérdida 2 (La separación)*. Barcelona: Paidós Ibérica, 1985.

——. *El apego y la pérdida 3 (La pérdida)*. Barcelona: Paidós Ibérica, 1983.

——. *Vínculos afectivos: formación, desarrollo y pérdida*. Madrid: Morata, 2014.

——. *Una base segura: aplicaciones clínicas de una teoría del apego*. Barcelona: Paidós Ibérica, 1989.

Bowlby, John, Margery Fry y Mary D. Salter Ainsworth. *Cuidado maternal y amor*. Madrid: Fondo de Cultura Económica, 1972.

Chapman, Gary. *Los 5 lenguajes del amor: el secreto del amor que perdura*. Medley, Florida, Estados Unidos: Unilit, 2017.

——. *Ama a tu cónyuge aun cuando quieras salir corriendo: ayuda para matrimonios en crisis*. Grand Rapids, MI, Estados Unidos: Portavoz, 2019.

——. *Lo que me hubiera gustado saber... ¡antes de casarme!* Grand Rapids, MI, Estados Unidos: Kregel Publications, 2011.

Chitty, John. *Working with Babies: A Five-Part Therapy Method for Infants and Their Families* [Trabajo con bebés: método terapéutico de cinco partes para niños y sus familias]. Ithaca, NY: CSES, 2016.

Ecker, Bruce, Robin Ticic y Laurel Hulley. *La reconsolidación de la memoria: desbloqueo del cerebro emocional para la erradicación de los síntomas en psicoterapia*. Barcelona: Octaedro, 2014.

Ferentz, Lisa. *Finding Your Ruby Slippers: Transformative Life Lessons from the Therapist's Couch* [Cómo encontrar tus zapatos de rubí: lecciones de vida transformadoras desde el diván del terapeuta]. Eau Claire, WI, Estados Unidos: PESI, 2017.

——. *Letting Go of Self-Destructive Behaviors: A Workbook of Hope and Healing* [Cómo abandonar los comportamientos autodestructivos: libro de ejercicios de esperanza y sanación]. Abingdon, Reino Unido: Routledge, 2014.

——. *Treating Self-Destructive Behaviors in Trauma Survivors: A Clinician's Guide* [Tratamiento de los comportamientos autodestructivos en supervivientes de traumas: guía para terapeutas]. Abingdon, Reino Unido: Routledge, 2014.

Fonagy, Peter. *Attachment Theory and Psychoanalysis* [Teoría del apego y psicoanálisis]. Nueva York: Other Press, 2001.

Fredrickson, Barbara. *Amor 2.0: una nueva mirada a la emoción que determina lo que sentimos, pensamos, hacemos y somos*. Ciudad de México: Océano de México, 2021.

——. *Positivity: Top-Notch Research Reveals the 3 to 1 Ratio That Will Change Your Life* [Pensamiento positivo: la proporción 3 a 1 que cambiará tu vida]. Nueva York: Three Rivers, 2009.

Gojman-de-Millan, Sonia, Christian Herreman y L. Alan Sroufe (editores). *Attachment Across Clinical and Cultural Perspectives: A Relational Psychoanalytic Approach* [El apego desde las perspectivas clínica y cultural: un enfoque psicoanalítico relacional]. Abingdon, Reino Unido: Routledge, 2016.

Goldbart, Stephen y David Wallin. *Mapping the Terrain of the Heart: Passion, Tenderness, and the Capacity to Love* [Cartografía del corazón: pasión, ternura y la capacidad de amar]. Northvale, NJ, Estados Unidos: Jason Aronson, 1998.

Goleman, Daniel. *Inteligencia emocional: por qué es más importante que el cociente intelectual*. Editorial B de Bolsillo, 2018.

Gottman, John y Joan DeClaire. *The Relationship Cure: A 5 Step Guide to Strengthening Your Marriage, Family, and Friendships* [La cura de las relaciones: guía en 5 pasos para fortalecer el matrimonio, la familia y las amistades]. Nueva York: Harmony, 2002.

Gottman, John y Nan Silver. *Siete reglas de oro para vivir en pareja: un estudio exhaustivo sobre las relaciones y la convivencia*. Editorial Debolsillo, 2010.

——. *What Makes Love Last? How to Build Trust and Avoid Betrayal* [¿Qué hace que el amor perdure? Cómo fomentar la confianza y evitar la traición]. Nueva York: Simon and Schuster, 2013.

Grand, David. *Brainspotting: la técnica revolucionaria que logra un cambio rápido y efectivo*. Málaga: Sirio, 2014.

——. *Curación emocional a máxima velocidad: el poder de EMDR*. EMDR Treinamento e Consultoria Ltda, 2013.

Greenfield, Patricia Marks y Edward Tronick. *Infant Curriculum* [Curriculum infantil]. Pacific Palisades, CA, Estados Unidos: Goodyear Publishing, 1980.

Hanson, Rick. *El cerebro de buda: la neurociencia de la felicidad, el amor y la sabiduría*. Santander, Editorial Milrazones, 2011.

——. *Cultiva la felicidad: aprende a remodelar tu cerebro... y tu vida*. Málaga: Sirio, 2015.

——. *Solo una cosa: sencillos ejercicios para desarrollar un cerebro de Buda*. Málaga: Sirio, 2013.

Hart, Susan. *Brain, Attachment, Personality: An Introduction to Neuroaffective Development* [Cerebro, apego y personalidad: introducción al desarrollo neuroafectivo]. Abingdon, Reino Unido: Routledge, 2018.

——. *The Impact of Attachment* [La influencia del apego]. Nueva York: Norton, 2010.

Hart, Susan y Mary Campa (editoras). *Human Bonding: The Science of Affectional Ties* [Vínculos humanos: la ciencia de los lazos afectivos]. Nueva York: Guilford Press, 2013.

Heller, Laurence y Aline LaPierre. *Curar el trauma del desarrollo. El método relacional neuroafectivo*. Barcelona: Eleftheria, 2017.

Johnson, Sue. *Abrázame fuerte: siete conversaciones para logra un amor de por vida*. Barcelona: Alba, 2019.

——. *Love Sense: The Revolutionary New Science of Romantic Relationships* [Sentido de amor: la ciencia revolucionaria de las relaciones románticas]. Nueva York: Little, Brown, 2013.

Kaplan, Louise. *Adolescence: The Farewell to Childhood* [Adolescencia: adiós a la niñez]. Nueva York: Simon & Schuster, 1984.

——. *No Voice Is Ever Wholly Lost: An Exploration of the Everlasting Attachment Between Parent and Child* [Ninguna voz se pierde nunca del todo: exploración del perpetuo apego entre padres e hijos]. Nueva York: Simon & Schuster, 1996.

——. *Oneness and Separateness: From Infant to Individual* [Unidad y separación: de niño a individuo]. Nueva York: Simon & Schuster, 1998.

Levine, Amir y Rachel Heller. *Maneras de amar: la nueva ciencia del apego adulto y cómo puede ayudarte a encontrar el amor... y conservarlo.* Books4Pocket, Ediciones Urano, 2016.

Levine, Peter. *Sanar el trauma: un programa pionero para restaurar la sabiduría de tu cuerpo.* Madrid: Gaia Ediciones, 2021.

——. *En una voz no hablada: cómo el cuerpo se libera del trauma y restaura su bienestar.* Madrid: Gaia Ediciones, 2021.

Levine, Peter con Ann Frederick. *Waking the Tiger: Healing Trauma* [El despertar del tigre: cómo sanar el trauma]. Berkeley, CA: North Atlantic Books, 1997.

Levine, Peter y Maggie Kline. *Tus hijos a prueba de traumas: una guía parental para infundir confianza, alegría y resiliencia.* Barcelona: Eleftheria, 2017.

Love, Patricia. *The Truth About Love: The Highs, the Lows, and How You Can Make It Last Forever* [La verdad sobre el amor: los altibajos y cómo hacer que dure para siempre]. Nueva York: Fireside, 2001.

Love, Patricia y Jo Robinson. *Hot Monogamy: Essential Steps to More Passionate, Intimate Lovemaking* [Monogamia sexi: pasos esenciales para hacer el amor de forma más íntima y apasionada]. Scotts Valley, CA: Create Space, 2012.

Maté, Gabor. *In the Realm of Hungry Ghosts: Close Encounters with Addiction* [En el reino de los fantasmas hambrientos: encuentros cercanos con la adicción]. Berkeley, CA, Estados Unidos: North Atlantic Books, 2010.

——. *Cuando el cuerpo dice no: la conexión entre el estrés y la enfermedad.* Madrid: Gaia, 2020.

Napier, Nancy. *Getting Through the Day: Strategies for Adults Hurt as Children* [Cómo sobrellevar el día: estrategias para adultos heridos de pequeños]. Nueva York: Norton, 1994.

——. *Recreating Your Self: Building Self-Esteem through Imaging and Self-Hypnosis* [Reinvéntate: cómo aumentar la autoestima mediante la visualización y la autohipnosis]. Nueva York: Norton, 1996.

——. *Sacred Practices for Conscious Living* [Prácticas sagradas para vivir de forma consciente]. Nueva York: Norton, 1997.

Ogden, Pat y Janina Fisher. *Psicoterapia sensoriomotriz: intervenciones para el trauma y el apego.* Bilbao: Desclée De Brouwer, 2016.

Ogden, Pat, Kekuni Minton y Clare Pain. *El trauma y el cuerpo: un modelo sensoriomotriz de psicoterapia.* Bilbao: Desclée De Brouwer, 2009.

O'Hanlon, Bill. *Pequeños grandes cambios: diez maneras sencillas de transformar tu vida.* Barcelona: Ediciones Paidós, 2003.

——. *Out of the Blue: Six Non-Medication Ways to Relieve Depression* [Salir de la nada: seis formas sin medicación para aliviar la depresión]. Nueva York: Norton, 2014.

——. *Quick Steps to Resolving Trauma* [Pasos rápidos para resolver el trauma]. Nueva York: Norton, 2010.

Payne, Kim John. *El alma de la disciplina: crianza con simplicidad para una guía cálida, firme y calmada, desde pequeños hasta adolescentes.* Ciudad de México: Editorial Terracota, 2021.

Payne, Kim John con Lisa Ross. *Simplicity Parenting: Using the Extraordinary Power of Less to Raise Calmer, Happier, and More Secure Kids* [Crianza con simplicidad: el extraordinario poder de lo simple para criar niños más calmados, felices y seguros]. Nueva York: Ballantine, 2010.

Piaget, Jean. *La formación del símbolo en el niño: imitación, juego y sueño. Imagen y representación.* Madrid: Fondo de Cultura Económica, 2020.

——. *El criterio moral en el niño.* Barcelona: Ediciones Martínez Roca, 1984.

Piaget, Jean y Bärbel Inhelder. *Psicología del niño.* Madrid: Ediciones Morata, 2015.

Porges, Stephen. *La teoría polivagal: fundamentos neurofisiológicos de las emociones, el apego, la comunicación y la autorregulación.* Madrid: Ediciones Pléyades, 2017.

Rapson, James y Craig English. *Ansiedad por agradar: 7 prácticas para superar la amabilidad crónica.* Ciudad de México: Editorial Diana S.A. de C.V., 2008.

Real, Terrence. *¿Cómo puedo entenderte? Claves para recuperar la comunicación en la pareja.* Barcelona: Editorial Urano, 2004.

——. *The New Rules of Marriage: What You Need to Know to Make Love Work* [Las nuevas reglas del matrimonio: lo que debes saber para que el amor funcione]. Nueva York: Ballantine, 2008.

Rhimes, Shonda. *El año del sí: descubre el asombroso poder de decir sí y cambia tu vida.* Barcelona: Kitsune Books, 2019.

Rothenberg, Mira. *Children with Emerald Eyes: Histories of Extraordinary Boys and Girls* [Niños con ojos color esmeralda: historias de niños y niñas extraordinarios]. Berkeley, CA, Estados Unidos: North Atlantic Books, 2003.

Rothschild, Babette. *El cuerpo recuerda: la psicofisiología del trauma y el tratamiento del trauma.* Barcelona: Editorial Eleftheria, 2016.

——. *8 claves para superar los traumas de forma segura: estrategias para tomar las riendas de su curación.* Barcelona: Editorial Eleftheria, 2018.

——. *Trauma Essentials: The Go-To Guide* [Fundamentos sobre el trauma: guía de referencia]. Nueva York: Norton, 2011.

Scaer, Robert. *The Body Bears the Burden: Trauma, Dissociation, and Disease* [El cuerpo soporta la carga: trauma, disociación y enfermedad]. Abingdon, Reino Unido: Routledge, 2014.

——. *The Trauma Spectrum: Hidden Wounds and Human Resiliency* [El espectro del trauma: heridas ocultas y resiliencia humana]. Nueva York: Norton, 2005.

Schwartz, Richard. *Terapia sistemas de familia interna (IFS).* Barcelona: Editorial Eleftheria, 2021.

——. *Introducción al modelo de los sistemas de la familia interna.* Barcelona: Editorial Eleftheria, 2017.

Siegel, Daniel. *La mente en desarrollo: cómo interactúan las relaciones y el cerebro para modelar nuestro ser.* Bilbao: Desclée De Brouwer, 2007.

Siegel, Daniel y Tina Payne Bryson. *El cerebro del niño: 12 estrategias revolucionarias para cultivar la mente en desarrollo de tu hijo.* Barcelona: Alba Editorial, 2020.

——. *El cerebro afirmativo del niño: ayuda a tu hijo a ser más resiliente, autónomo y creativo.* Editorial B de Bolsillo, 2020.

Siegel, Daniel y Mary Hartzell. *Ser padres conscientes: un mejor conocimiento de nosotros mismos contribuye a un desarrollo integral de nuestros hijos*. Barcelona: Ediciones La Llave, 2012.

Sroufe, L. Alan. *Desarrollo emocional: la organización de la vida emocional en los primeros años*. México: Universidad Iberoamericana, 2000.

Tatkin, Stan. *We Do: Saying Yes to a Relationship of Depth, True Connection, and Enduring Love* [Sí, queremos: decir sí a una relación con profundidad, conexión verdadera y amor duradero], Boulder, Colorado (Estados Unidos): Sounds True, 2018.

——. *Wired for Dating: How Understanding Neurobiology and Attachment Style Can Help You Find Your Ideal Mate* [Programados para las citas: cómo entender la neurobiología y el estilo de apego puede ayudarte a encontrar la pareja ideal], Oakland, California (Estados Unidos): New Harbinger, 2016.

——. *Conectados para el amor: descifra el cerebro de tu pareja para que tengas una relación más sólida*, Grijalbo, 2015.

Tronick, Edward. *Babies as People* [Bebés como personas]. Nueva York: Collier Books, 1980.

——. *The Neurobehavioral and social-Emotional Development of Infants and Children* [Desarrollo neuroconductual y socioemocional en bebés y niños]. Nueva York: Norton, 2007.

van der Kolk, Bessel. *El cuerpo lleva la cuenta: cerebro, mente y cuerpo en la superación del trauma*. Barcelona: Editorial Eleftheria, 2017.

Wallin, David. *El apego en psicoterapia*. Bilbao: Desclée De Brouwer, 2012.

Wood, Patti. *¡Zasss! Cómo sacar el máximo partido a la primera impresión que causas, a tu carisma y a tu lenguaje corporal* (Málaga, Sirio, 2014).

Zayas, Vivian y Cindy Hazan (editoras). *Bases of Adult Attachment: Linking Brain, Mind and Behavior* [Bases del apego en adultos: vínculos entre el cerebro, la mente y el comportamiento]. Nueva York: Springer, 2015.

ACERCA DE LA AUTORA

L a doctora **Diane Poole Heller** es una reconocida experta en el área de los modelos y la teoría del apego, la resolución de traumas y las técnicas de sanación integrativa para niños y adultos. Ha desarrollado su propia formación sobre el apego en adultos, denominada DARe (Dynamic Attachment Re-patterning experience), también conocida como SATe (Somatic Attachment Training experience), que actualmente se enseña a terapeutas de todo el mundo. Diane comenzó su trabajo con Peter Levine, fundador del Somatic Experiencing® Trauma Institute (SETI) en 1989, ha impartido cursos de Somatic Experiencing (SE) internacionalmente durante más de veinte años y se ha convertido en una de las integrantes más destacadas del profesorado del SETI.

Diane es una profesora y oradora dinámica, y también ha escrito varios artículos sobre sus áreas de interés. Su libro *Crash Course: A Self-Healing Guide to Auto Accident Trauma and Recovery* [Curso acelerado: una guía de autosanación para el trauma y la recuperación de accidentes de tráfico] se usa en todas partes del mundo como recurso en la superación de diversos acontecimientos traumáticos. Su documental *Surviving Columbine* [Sobrevivir a Columbine] se emitió en la CNN y sirvió de apoyo a la comunidad para sanar tras el tiroteo. Su famoso programa de audio, *Healing Your Attachment Wounds: How to Create Deep and Lasting Intimate Relationships* [Sana tus heridas de apego: cómo crear relaciones íntimas profundas y duraderas], fue publicado por Sounds True en 2018.

Como presidenta de Trauma Solutions, una organización que se encarga de la formación de psicoterapeutas, Diane pone todo su empeño en apoyar a la comunidad de ayuda profesional. Tiene una clínica privada en la que pasa consulta de forma limitada en Louisville, Colorado (Estados Unidos). Existe más información disponible sobre Diane y su trabajo en **dianepooleheller.com**.